◄一本掌握京阪神列車路線！►

關西鐵道超圖鑑

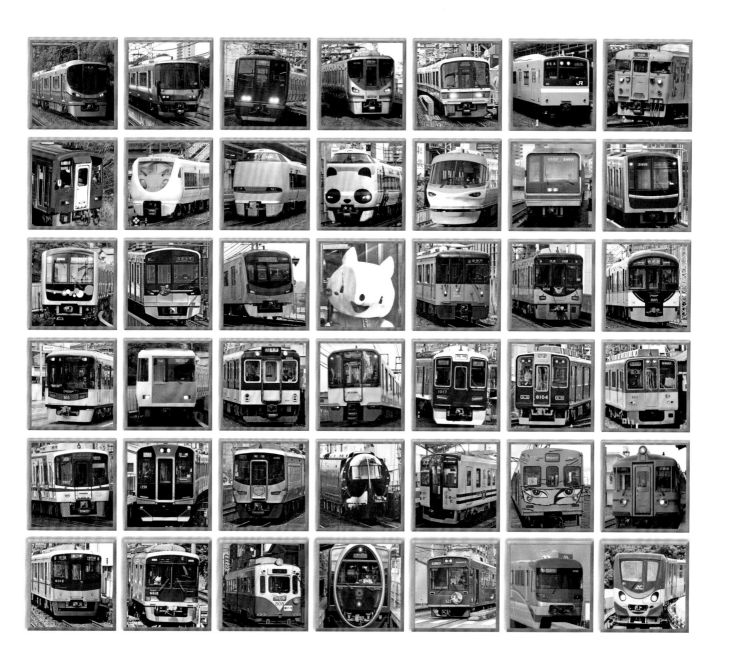

關西鐵道超圖鑑

前言

在京阪神地區有京都、大阪與神戶這3座大都市。除此之外，京都、奈良與神戶等地都是日本的代表性觀光地，總是有大批校外教學的學生等旅客造訪。最近又開始有許多外國觀光客走訪這些地區。

本書是以京都、大阪與神戶為主，介紹在京阪神地區運行的鐵道。行駛於這些地區的鐵道眾多，且大阪市等地的主要幹道底下通常都有地下鐵運行。此外，鐵道路線之間的互相串聯也很發達，只須加以了解即可方便利用。

總是不以為意地搭乘，或是有搭巴士巡遊的經驗卻不曾搭鐵路旅遊的人，請務必閱讀這本書並善加運用，好好享受京阪神鐵道的樂趣。

※本書的編輯原則如下：
1. 大阪市高速電氣軌道皆統稱為「大阪Metro」。
2. 日本旅客鐵道一律統稱為「JR」。
3. 針對行駛列車種類眾多的路線，有時只會介紹主要的列車。
4. 本書並未將空中纜車與坡道纜車列入介紹。
5. 將路面電車的停靠站視同一般鐵道的「車站」來處理。
6. 有些車站雖可轉乘，但如果判斷兩站相距過遠，則不視為轉乘站。

目錄

路線圖的圖示

連接其他公司的路線（地下鐵除外）

站名與讀音

車站編號

站名不同但可以轉乘的車站

連接其他公司的路線（地下鐵）

連接其他公司的路線名稱

自家公司的路線名稱

大阪難波（おおさかなんば）

難波（なんば）

Q17 **JR難波**（ジェイアールなんば）

難波（なんば）

南海本線（なんかいほんせん）

大阪メトロ御堂筋線（おおさかメトロみどうすじせん）

関西本線（大和路線）（かんさいほんせん やまとじせん）

大阪メトロ四つ橋線（おおさかメトロよつばしせん）

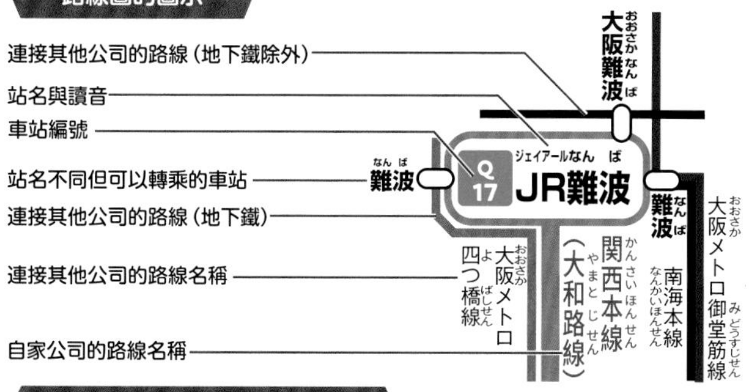

卷末Super地形鐵道圖的圖示

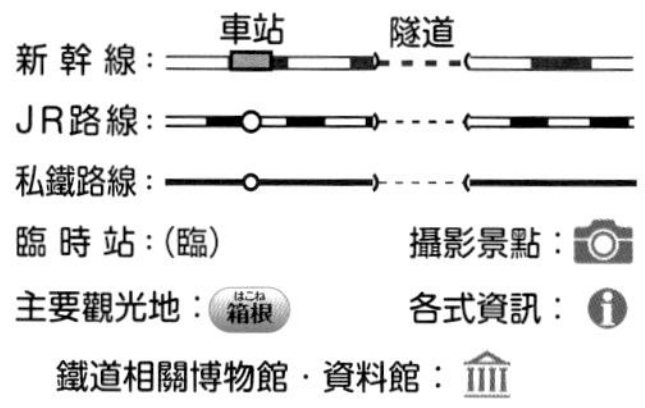

	車站	隧道
新幹線		
JR路線		
私鐵路線		

臨時站：（臨）　　攝影景點：📷

主要觀光地：箱根　　各式資訊：ⓘ

鐵道相關博物館‧資料館：🏛

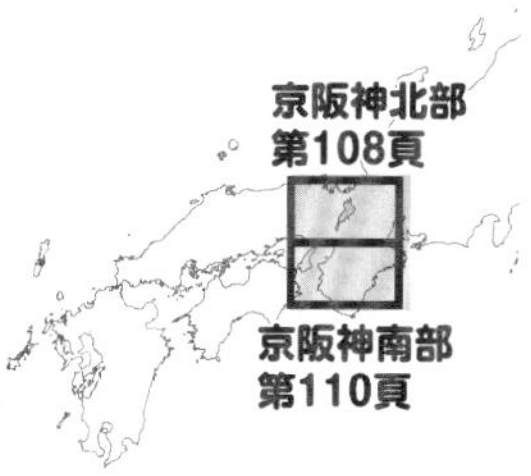

京阪神北部
第108頁

京阪神南部
第110頁

京阪神鐵道 互相串聯地圖

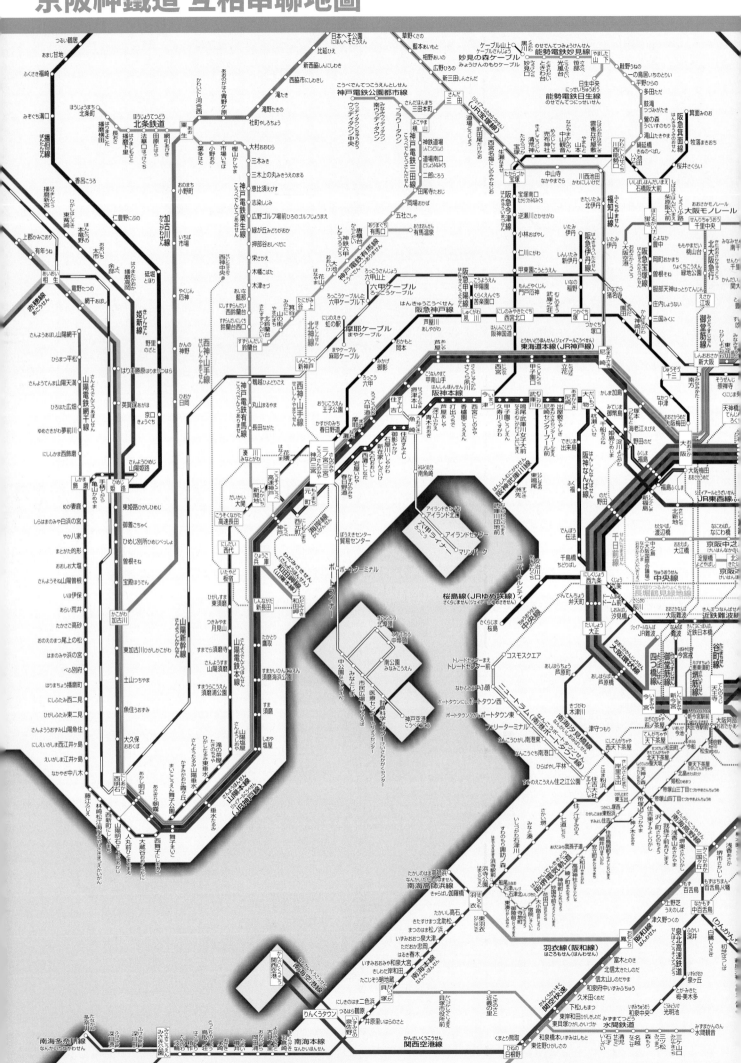

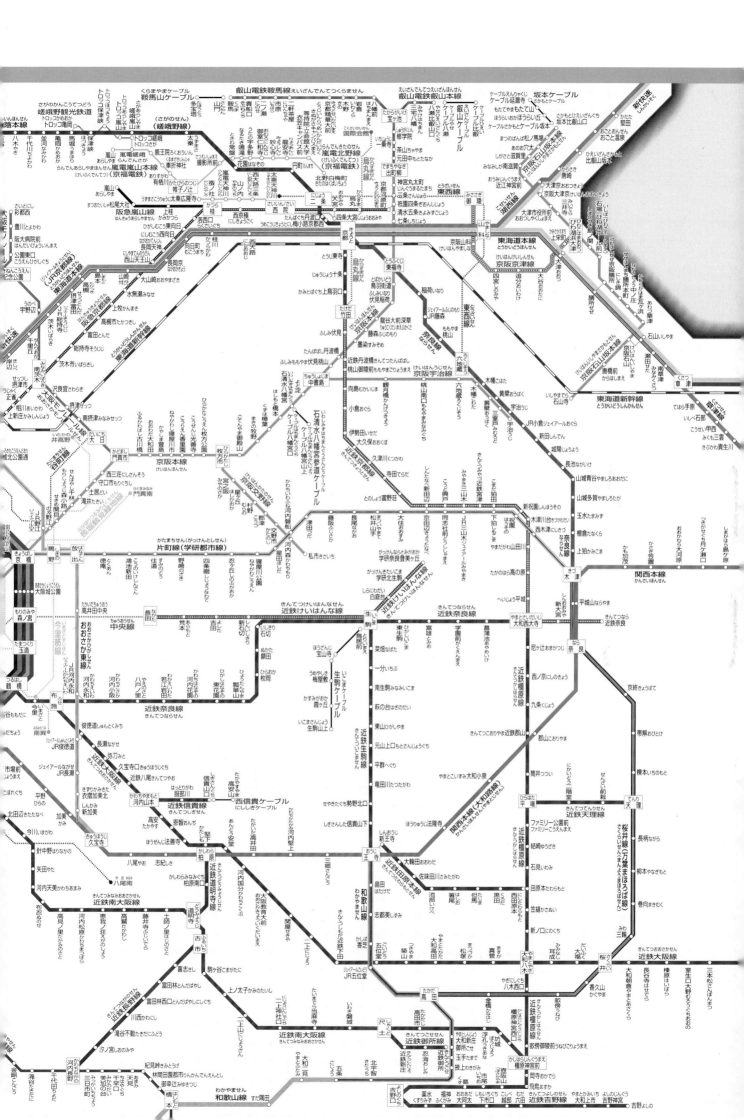

齊聚於賢島站的觀光特急「島風號」（左）與特急「伊勢志摩Liner」（黃色與紅色的列車）

近畿日本鐵道

在日本，近畿日本鐵道（近鐵）是JR集團之外路線最長的鐵道，連結大阪・京都・奈良・伊勢・賢島・名古屋。路線總長為501.1km（第二名是關東長達463.3km的東武鐵道）。

說到近鐵的優點，自然是橫跨紀伊半島且遍布各處的眾多路線，以及在這些路線上奔馳的各種特急列車。讓我們一起來看看這些在大阪・京都・奈良・名古屋、伊勢志摩・吉野等，大都市與觀光地之間互相連結的近鐵特急吧！

近鐵的特急列車

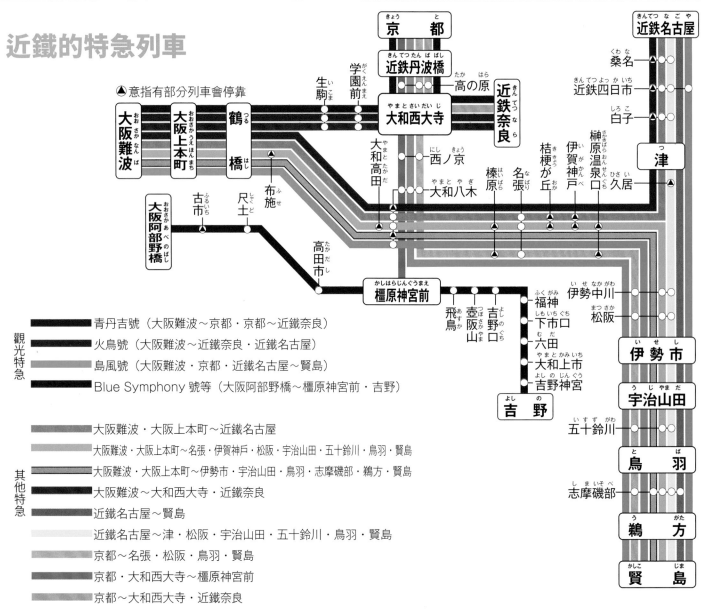

▲意指有部分列車會停靠

觀光特急
- 青丹吉號（大阪難波～京都・京都～近鐵奈良）
- 火鳥號（大阪難波～近鐵奈良・近鐵名古屋）
- 島風號（大阪難波・京都・近鐵名古屋～賢島）
- Blue Symphony 號等（大阪阿部野橋～橿原神宮前・吉野）

其他特急
- 大阪難波・大阪上本町～近鐵名古屋
- 大阪難波・大阪上本町～名張・伊賀神戶・松阪・宇治山田・五十鈴川・鳥羽・賢島
- 大阪難波・大阪上本町～伊勢市・宇治山田・鳥羽・志摩磯部・鵜方・賢島
- 大阪難波～大和西大寺・近鐵奈良
- 近鐵名古屋～賢島
- 近鐵名古屋～津・松阪・宇治山田・五十鈴川・鳥羽・賢島
- 京都～名張・松阪・鳥羽・賢島
- 京都・大和西大寺～橿原神宮前
- 京都～大和西大寺・近鐵奈良

19200系 観光特急 青丹吉號

於2022年4月首次亮相,是近鐵最新的觀光特急。連結大阪難波站～京都站、京都站～近鐵奈良站,這輛特急對於往來大阪‧奈良‧京都的觀光格外方便。車輛是以12200系改造而成,以4節車廂編制來運行。

「青丹吉號」的車內(1、3、4號車)

16200系 観光特急 Blue Symphony 號

在大阪阿部野橋站與吉野站之間1天往返2趟的觀光特急。為3節車廂編制,中間的2號車被規劃成休閒車廂。車輛是以一般型列車的6200系改造而成。

「Blue Symphony號」的休閒車廂(2號車)

50000系 観光特急 島風號

連結大阪難波站‧京都站‧近鐵名古屋站與賢島站的觀光特急。是全新打造的車輛而非改造車。為6節車廂編制,不僅將1號車與6號車規劃成展望車廂,還有咖啡館車廂可供用餐。

「島風號」的展望車廂

80000系 特急 火鳥號

特急「火鳥號」於2020年首度亮相，以最快行駛速度189.7km，連結起近鐵距離最長的大阪難波站與近鐵名古屋站之間，車程為2小時5分鐘。為8節車廂編制，1號車與8號車為高級車廂，座椅也十分豪華，設計成可欣賞前後方景色的展望車廂。

高級車廂的豪華座椅

26000系 特急 櫻 Liner

是作為特急使用的列車，行駛於大阪阿部野橋站～吉野站之間。一般以4節車廂編制來運行，1號車與4號車中設有展望空間。此外，3號車為豪華車廂。

豪華車廂的獨立旋轉座椅

21000系 特急 特急 Urban Liner Plus

21020系 特急 特急 Urban Liner Next

隨著「火鳥號」的登場而略為淡出舞台，不過仍是近鐵最具代表性的特急列車。於1988年推出的Urban Liner是連接大阪難波站～近鐵名古屋站、作為名阪的不停站特急專用車；Urban Liner Plus則是以Urban Liner翻修而成。2002年另外打造了Urban Liner Next以作為其翻修期間的替代車輛。有2班6節車廂的列車運行。

23000系 特急 伊勢志摩 Liner

原本是配合1994年三重縣志摩市度假設施「志摩西班牙村」開業而製造的特急型列車。在製造後18年的2013年10月，又配合在伊勢神宮舉行的式年遷宮儀式（定期遷建社殿的例行活動），針對車體進行了一番整修，才變成現在所看到的面貌。與觀光特急「島風號」一起持續運行，連結大阪・京都・名古屋與觀光地伊勢志摩一帶。

特急專用列車 22600系 Ace

特急專用列車 VISTA EX 30000系

其他作爲特急專用列車的還有22600系Ace、VISTA EX30000系，以及爲了讓22600系可以在窄軌區間（P.64）行駛而打造的16600系（車體設計同22600系）。VISTA EX是以雙層車廂連結而成的特急專用列車，備受喜愛，甚至博得「講到近鐵就想到VISTA Car」的好評。

不僅限於特急！一般列車也將引進新型車輛

設爲直排式座

因應嬰兒車

設爲橫排式座椅

因應大型行李

採用可橫、直排互調的座椅（2種設定皆可的座椅），確保車門附近也有空間可因應大型行李或嬰兒車。

近鐵已經決定於2024年秋季引進新型的一般列車。預計將以奈良線・京都線・橿原線・天理線爲主，引進4班10節編制的列車。新型列車的型號尚未定案。

※插圖取自近畿日本鐵道的新聞稿

用於環狀線各站停車的323系

JR大阪環狀線是環繞著大阪市中心運行的路線，連結大阪（梅田）·京橋·鶴橋·天王寺·西九條等大阪的鬧區。環狀線如同字面般是繞圈運行的電車，與其他路線串聯而來的電車彼此交錯著運行。從其他路線串聯而來的電車以快速居多，並不會各站停車。

坐過站會很麻煩的環狀線內環

環狀線有外環（順時針繞行）與內環（逆時針繞行）的2條運行路線，但是會於天王寺站與大和路線·阪和線（關西機場線）串聯，於西九條站與夢咲線串聯，皆以順時針繞行環狀線、天王寺站爲終點。相反的，若是從天王寺站出發並以逆時針繞行環狀線，夢咲線會從西九條站分岔出去；大和路線·阪和線（關西機場線）則是繞行1圈後才從天王寺站分岔出去。換言之，搭乘內環線時，如果搭上與環狀線串聯的電車，一旦不小心坐過站，就會朝著日本環球影城或關西國際機場·和歌山·奈良出發，所以最好格外留心。

大阪站與梅田站

JR的大阪站、阪急與阪神的大阪梅田站、大阪Metro四橋線的西梅田站、大阪Metro谷町線的東梅田站，還有大阪Metro御堂筋線的梅田站──這些全是互相

連結的車站。明治時期，鐵道的車站皆設置於郊外而非市中心。當時的梅田甚至被稱爲「埋田」，是填土造陸的土地而不甚便利，不過明治政府在此處建造了車站，命名爲「大阪站」。之後這一帶便逐漸被開發，成了大阪最大鬧區，不過據說當時在其東南西北方皆分別推動了不同的開發案，所以車站名稱有了各式各樣的稱呼。無論如何，大阪人可能還是習慣稱這個地區爲「梅田」，「大阪」是比較陌生的叫法。

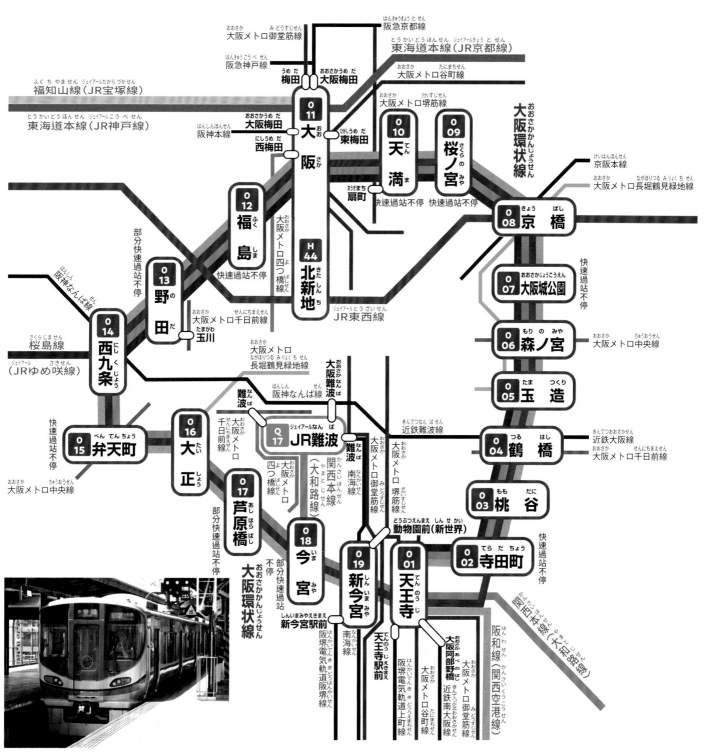

正停靠西九條站的夢咲線323系

與大阪環狀線串聯的關空・紀州路快速223系

行駛於大和路線並連結大阪與奈良的大和路快速221系

關空・紀州路快速225系

H JR片町線（學研都市線）・JR東西線

直通JR寶塚線的207系為通往塚口的區間快速，正在駛近放出站

從木津站通往京橋站的這條路線稱為片町線（學研都市線），從京橋站通往尼崎站的路段則稱為JR東西線。行駛於這2條路線上的列車皆為直通運轉。從木津站的 H18 到尼崎站的 H49，連車站編號也是連續號碼。不僅如此，還有部分列車與福知山線（JR寶塚線）串聯，會行駛至篠山口站。

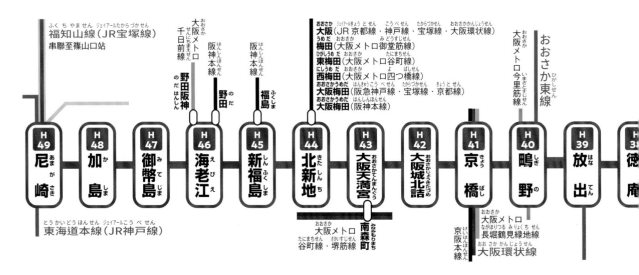

福知山線（JR宝塚線）
串聯至篠山口站

大阪メトロ
千日前線
野田阪神
のだはんしん

阪神本線
野田
のだ

阪神本線
福島
ふくしま

大阪（JR 京都線・神戸線・宝塚線・大阪環状線）
梅田（大阪メトロ御堂筋線）
東梅田（大阪メトロ谷町線）
西梅田（大阪メトロ四つ橋線）
大阪梅田（阪急神戸線・宝塚線・京都線）
大阪梅田（阪神本線）

大阪メトロ今里筋線

おおさか東線
ひがしせん

| H49 尼崎 あまがさき | H48 加島 かしま | H47 御幣島 みてじま | H46 海老江 えびえ | H45 新福島 しんふくしま | H44 北新地 きたしんち | H43 大阪天満宮 おおさかてんまんぐう | H42 大阪城北詰 おおさかじょうきたづめ | H41 京橋 きょうばし | H40 鴫野 しぎの | H39 放出 はなてん | H3 徳庵 |

東海道本線（JR神戸線）

大阪メトロ
谷町線・堺筋線
南森町

京阪本線
大阪メトロ
長堀鶴見緑地線
大阪環状線

Mitsu-Mambo

京都府京田邊市裡有好幾座水路橋（有水渠流通於橋上）。當地將這些水路橋稱為「Mambo」，不過位於JR片町線（學研都市線）同志社前站～京田邊站之間的馬坂川水路橋，是磚造的3拱狀構造，被稱為「Mitsu-Mambo」（正式名稱為馬坂川跨線水路橋）。昔日這個地區有許多地上河，但是後來不斷推動翻修工程等，最終僅保留包括Mitsu-Mambo在內的3處水路橋，且每座都有JR片町線（學研都市線）穿過其下。

通往寶塚且各站停車的207系
正奔馳穿過Mitsu-Mambo

通往松井山手且各站停車的321系駛抵 野站

H37 鴫也新田 こうのいけしんでん
H36 住道 すみのどう
H35 野崎 のざき
H34 四条畷 しじょうなわて
H33 忍ケ丘 しのぶがおか
H32 寝屋川公園 ねやがわこうえん
H31 星田 ほしだ
H30 河内磐船 かわちいわふね
　河内森 かわちもり　けいはんかたの せん　京阪交野線
H29 津田 つだ
H28 藤阪 ふじさか
H27 長尾 ながお
H26 松井山手 まついやまて

H25 大住 おおすみ
H24 京田辺 きょうたなべ
　新田辺 しんたなべ　きんてつきょうとせん　近鉄京都線
H23 同志社前 どうししゃまえ
H22 JR三山木 ジェイアールみやまき
H21 下狛 しもこま
H20 祝園 ほうその
　新祝園 しんほうその　きんてつきょうとせん　近鉄京都線
H19 西木津 にしきづ
H18 木津 きづ
　奈良線 ならせん
　関西本線 かんさいほんせん
　（大和路線）やまとじせん

正在駛近淺香站的關空快速・紀州路快速223系2500番台

阪和線是連結大阪市與和歌山市的路線。關西機場線從阪和線途中的日根野站延伸至關西機場站。從天王寺站與大阪環狀線串聯。關空快速與紀州路快速皆從大阪環狀線的京橋站與天王寺站出發,終點卻分別駛至關西機場站與和歌山站,其中有不少班車連結運行至日根野站。另有區間快速奔馳於天王寺站～日根野站之間。此外,此線亦為特急遙號・黑潮號行駛的路線。

正停靠大阪環狀線西九條站的關空快速・紀州路快速223系0番台

通往關西機場・和歌山的關空快速・紀州路快速225系5000番台

與大阪環狀線串聯的關空快速・紀州路快速225系5100番台

往返於關西機場站與日根野站的列車稱為「Shuttle號」

關西國際機場聯絡橋

關西國際機場的建地是填埋大阪灣所打造出來的島，所以來往必需要經過橋樑。這座橋是由道路與鐵道合爲一體所構成，被稱爲關西國際機場聯絡橋（Skygate Bridge R）。JR與南海電鐵串聯。

Wing Shuttle 是電車？

關西機場站是JR與南海電鐵2條鐵道的停靠站。車站位於第一航站，不過關西國際機場中還有一座與第一航站相距甚遠的航站（第二航站）。

連接2座航站的Wing Shuttle

Wing Shuttle行駛於這2座航站之間（見上方照片）。乍看之下很像電車或新交通系統，但是這並非鐵道，而是電梯的一種，是往水平而非垂直移動。爲免費搭乘。

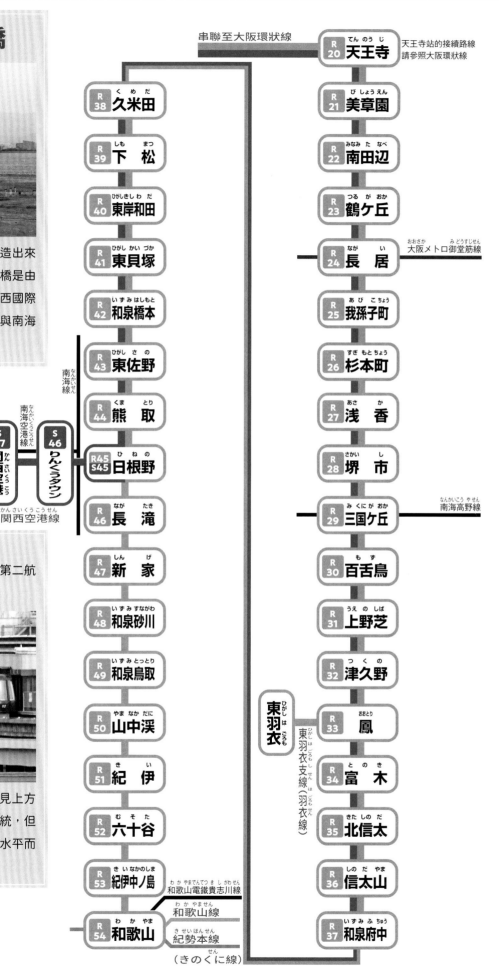

串聯至大阪環狀線

| R20 天王寺 | 天王寺站的接續路線請參照大阪環狀線 |

R21 美章園
R22 南田辺
R23 鶴ケ丘
R24 長居 — 大阪メトロ御堂筋線
R25 我孫子町
R26 杉本町
R27 浅香
R28 堺市
R29 三国ケ丘 — 南海高野線
R30 百舌鳥
R31 上野芝
R32 津久野
R33 鳳
R34 富木
R35 北信太
R36 信太山
R37 和泉府中

東羽衣　東羽衣支線（羽衣線）

R38 久米田
R39 下松
R40 東岸和田
R41 東貝塚
R42 和泉橋本
R43 東佐野
R44 熊取
R45 / S45 日根野
R46 長滝
R47 新家
R48 和泉砂川
R49 和泉鳥取
R50 山中渓
R51 紀伊
R52 六十谷
R53 紀伊中ノ島
R54 和歌山

南海線

S47 関西空港　南海空港線
S46 りんくうタウン　関西空港線

和歌山電鐵貴志川線
和歌山線
紀勢本線（きのくに線）

與大阪環狀線串聯並通往天王寺的221系大和路快速

關西本線是連結大阪（JR難波站）與名古屋的幹線，但是並沒有從大阪直通名古屋的列車，這是因為途中加茂站至龜山站的區間尚未電氣化（P.30）。關西本線會從已電氣化的加茂站繞行JR難波站・大阪環狀線一周，再連結至天王寺站。另外有行經櫻井線（萬葉Mahoroba線）・和歌山線的列車從奈良站行駛至王寺站。此外，有些列車是從奈良一帶出發，行經久寶寺站後與大阪東線串聯，通往新大阪站。有大和路快速行駛於加茂站至JR難波站・天王寺站之間，經由大阪東線通往新大阪的路段則有直通快速運行。

```
                    ↓  →
        ┌────────────────────────┐
        │    Q  ジェイアールなんば │
        │   17  JR難波           │
  大阪環狀線  関西本線     大阪環狀線
        │  （大和路線）          │
        │  Q      Q      Q      │
        │  18     19     20     │
        │  今     新     天      │
        │  宮     今     王      │  関西本線
        │         宮     寺      │  （大和路線）
        └────────────────────────┘
                              Q  とうぶしじょうまえ
                             21  東部市場前
```

從天王寺站與大阪環狀線串聯。有些列車以關西本線的終點JR難波站為起訖站，有些列車則是從天王寺站起訖並繞行環狀線一周。

```
                    Q  ひらの
                   22  平 野
                    Q  かみ
                   23  加 美
                    Q  きゅうほうじ
                   24  久宝寺
                    Q  やお
                   25  八 尾
```

おおさか東線（ひがしせん）

JR難波為大和路線上的車站

路線從環狀線的今宮站再往北延伸1站之處有座名為JR難波的車站。難波是大阪的市中心之一，但是這座車站坐落於大和路線上而非環狀線，原名為湊町站，位於OCAT（OSAKA CITY AIR TERMINAL）中。目前連結JR難波與大阪站（北梅田站）之間的浪速筋線正在建設中（P.33）。

JR難波站

通往王寺且各站停車的201系正停靠
天王寺站（這款車輛將逐漸除役）

通往奈良的直通快速321系

經由大阪東線通往新大阪的直通快速207系即將駛入奈良站

在奈良站與郡山站之間建設新站

目前奈良周邊正在推動京奈和自動車道（大和北道路）的建設，預計奈良交流道會剛好建在奈良站與郡山站之間。JR西日本正在建造關西本線（大和路線）的新站，使其緊鄰這個交流道。

站名未定，不過預計於2028年開通。

奈良線

関西本線
（大和路線）

Q39 加茂 関西本線
（非電氣化區間）

Q38 木津

片町線
（学研都市線）

Q37 平城山

Q36 奈良

Q34 郡山

Q33 大和小泉

Q32 法隆寺

桜井線（万葉まほろば線）
另有列車行經櫻井線（萬葉Mahoroba線）
～和歌山線並連結王寺～天王寺一帶

近鐵大阪線 堅下

近鐵道明寺線

近鐵田原本線 新王寺

近鐵生駒線

近鐵王寺

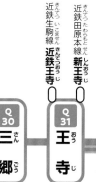

Q27 柏原

Q28 高井田

Q29 河内堅上

Q30 三郷

Q31 王寺

和歌山線從天王寺一帶串聯至五條站

東海道・山陽新幹線在大阪的車站是新大阪站，而非位於市中心的大阪站。若要透過鐵道前往新大阪站，只能利用JR京都線或大阪Metro御堂筋線。為了搭乘這2條路線，很多人都會經過大阪站（梅田站）等大阪的市中心，但凡通過市中心的路線都擁擠不堪。

為了紓解洶湧的人潮而特地打造了大阪東線，以便將來自奈良一帶的旅客直接送達新大阪站。換言之，是在大阪環狀線以東、往南方向運行，藉此讓來自那一帶的旅客可以南北向移動而不必經過擁擠的大阪市中心。大阪東線的路線是從新大阪站通往久寶寺站，不過有直通快速串聯至關西本線（大和路線），可直通運轉至奈良站。

通往新大阪並各站停車的221系即將駛入久寶寺站

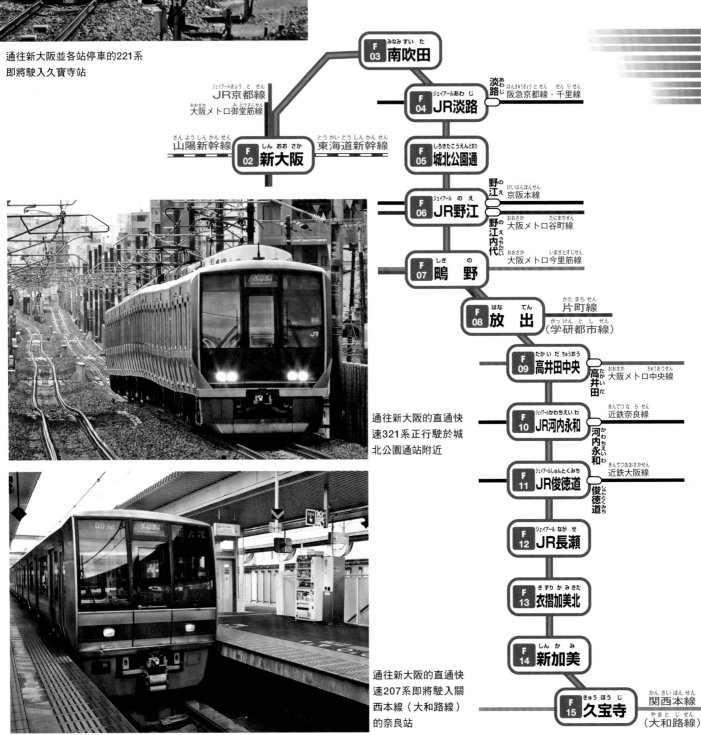

通往新大阪的直通快速321系正行駛於城北公園通站附近

通往新大阪的直通快速207系即將駛入關西本線（大和路線）的奈良站

F03 南吹田 みなみすいた

F04 JR淡路 ジェイアールあわじ — 淡路 あわじ 阪急京都線・千里線 はんきゅうきょうとせん せんりせん

F02 新大阪 しんおおさか — 山陽新幹線 さんようしんかんせん 東海道新幹線 とうかいどうしんかんせん

JR京都線 ジェイアールきょうとせん 大阪メトロ御堂筋線 おおさかメトロみどうすじせん

F05 城北公園通 しろきたこうえんどおり

F06 JR野江 ジェイアールのえ — 野江 のえ 京阪本線 けいはんほんせん

野江内代 のえうちんだい 大阪メトロ谷町線 おおさかメトロたにまちせん

F07 鴫野 しぎの — 大阪メトロ今里筋線 おおさかメトロいまとすじせん

F08 放出 はなてん — 片町線 かたまちせん（学研都市線 がっけんとしせん）

F09 高井田中央 たかいだちゅうおう — 高井田 たかいだ 大阪メトロ中央線 おおさかメトロちゅうおうせん

F10 JR河内永和 ジェイアールかわちえいわ — 近鉄奈良線 きんてつならせん

河内永和 かわちえいわ 近鉄大阪線 きんてつおおさかせん

F11 JR俊徳道 ジェイアールしゅんとくみち — 俊徳道 しゅんとくみち

F12 JR長瀬 ジェイアールながせ

F13 衣摺加美北 きずりかみきた

F14 新加美 しんかみ

F15 久宝寺 きゅうほうじ — 関西本線 かんさいほんせん（大和路線 やまとじせん）

P JR櫻島線（JR夢咲線）

通往環球影城・櫻島的323系正在駛近安治川口站

原本是通往沿線工業區的通勤電車，但自從日本環球影城（USJ）開業後，因為該園區遊客的搭乘而成了人潮洶湧的路線（環球影城站是離USJ最近的車站）。從西九條站往大阪站・京橋站方向會與大阪環狀線串聯，駛至天王寺站。路線的暱稱為「JR夢咲線」，是由一般民眾票選決定的。

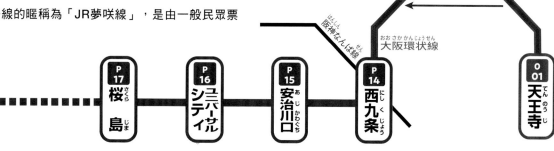

從西九條站串聯至大阪環狀線的天王寺站

阪神なんば線

大阪環狀線

おおさかかんじょうせん

| P 17 桜島 さくらじま | P 16 ユニバーサルシティ | P 15 安治川口 あじかわぐち | P 14 西九条 にしくじょう | O 01 天王寺 てんのうじ |

以帆船為意象打造而成的環球影城站

環球影城站於2001年建成，是日本環球影城開業後才蓋好的車站，建設時原是以「此花臨海」作為臨時車站名。車站是以帆船為意象設計而成，為鐵道日紀念活動的一環，獲選為「近畿車站百選」。

環球影城站的正面

A JR東海道本線（JR京都線・琵琶湖線）

通往姬路的新快速225系即將駛入京都站

東海道本線是從東京站通往神戶站的路線，不過京阪神地區裡的好幾個區間都各有各的路線暱稱。從米原站通往京都站的區間稱為「琵琶湖線」；從京都站通往大阪站的區間為「JR京都線」；而從大阪站通往神戶站的區間則稱為「JR神戶線」。此線連結京都、大阪與神戶這3座大都市，是京阪神地區鐵道交通的大動脈。

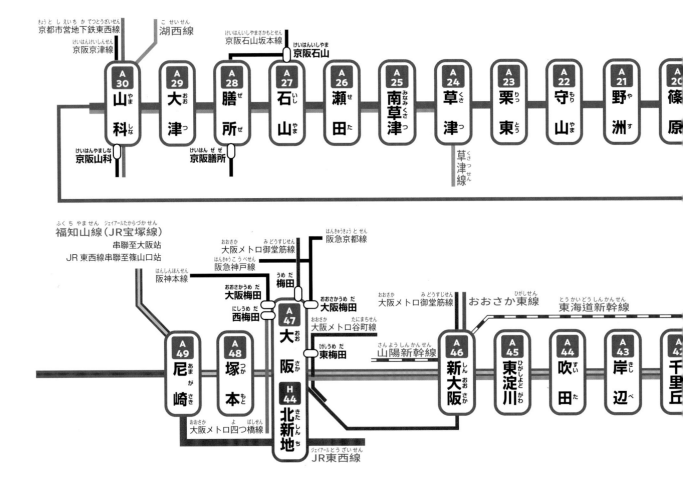

通往須磨且各站停車的207系正行駛於長岡京站～山崎站之間

通往姬路的新快速223系即將駛入新大阪站

通往野洲的快速221系

通往京都且各站停車的321系

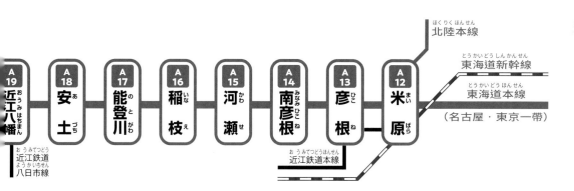

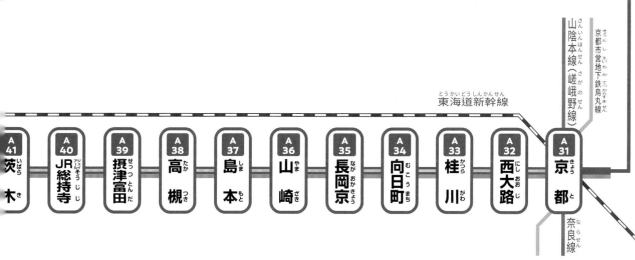

通往姬路的快速223系正行駛於須磨站~鹽屋站之間的海岸線

從東海道本線的大阪站通往姬路站的這條路線被暱稱為JR神戶線。此線直接串聯至山陽本線,與姬路‧相生一帶直通運轉。山陽本線的支線「和田岬線」從兵庫站延伸出去1站。和田岬線與山陽本線之間並無直通運轉,和田岬線是在兵庫站與和田岬站之間來回運行。

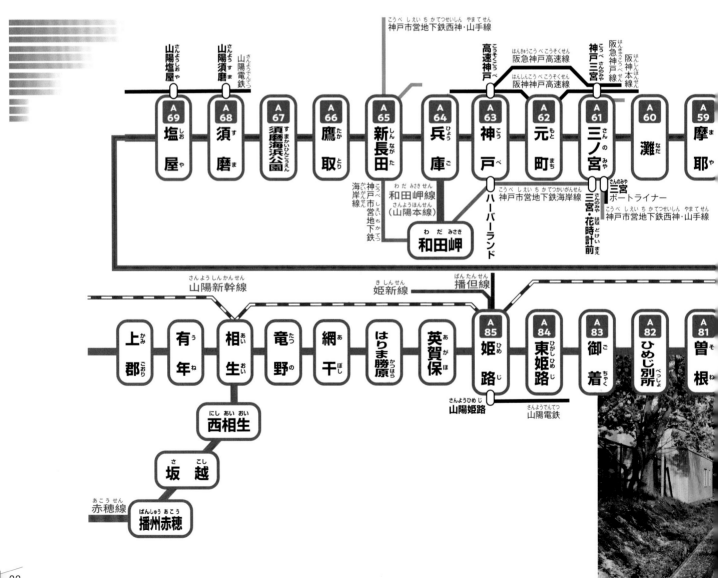

行駛於和田岬線的103系

通往野洲且各站停車的225系

通往姬路且各站停車的221系

通往須磨且各站停車的207系

通往姬路的新快速223系

通往西明石且各站停車的321系

福知山線（JR宝塚線）
串聯至大阪站
JR東西線串聯至篠山口站

阪急京都線
はんきゅうきょうとせん

大阪メトロ御堂筋線
おおさか みどうすじせん

阪急神戸線
はんきゅうこうべせん

阪神本線
はんしんほんせん

梅田
うめだ

大阪梅田
おおさかうめだ

大阪梅田
おおさかうめだ

西梅田
にしうめだ

大阪メトロ谷町線
おおさか たにまちせん

東梅田
ひがしうめだ

A 58 六甲道 ろっこうみち	A 57 住吉 すみよし	A 56 摂津本山 せっつもとやま	A 55 甲南山手 こうなんやまて	A 54 芦屋 あしや	A 53 さくら夙川 しゅくがわ	A 52 西宮 にしのみや	A 51 甲子園口 こうしえんぐち	A 50 立花 たちばな	A 49 尼崎 あまがさき	A 48 塚本 つかもと	A 47 大阪 おおさか H 44 北新地 きたしんち

六甲ライナー
ろっこう

大阪メトロ四つ橋線
おおさか よつばしせん

JR東西線
ジェイアールとうざいせん

山陽新幹線
さんようしんかんせん

加古川線
かこがわせん

A 80 宝殿 ほうでん	A 79 加古川 かこがわ	A 78 東加古川 ひがしかこがわ	A 77 土山 つちやま	A 76 魚住 うおずみ	A 75 大久保 おおくぼ	A 74 西明石 にしあかし	A 73 明石 あかし	A 72 朝霧 あさぎり	A 71 舞子 まいこ	A 70 垂水 たるみ

山陽明石
さんようあかし

舞子公園
まいここうえん

山陽垂水
さんようたるみ

山陽電鉄
さんようでんてつ

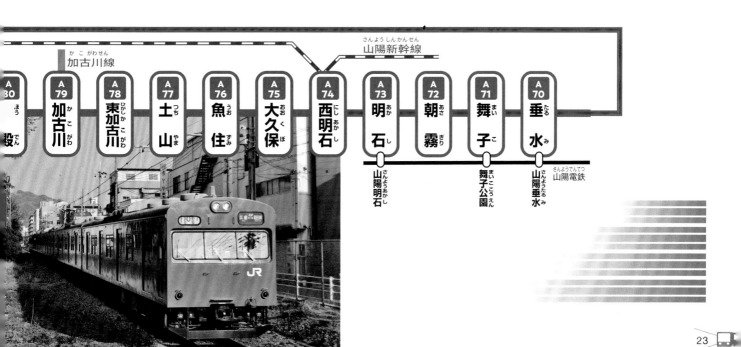

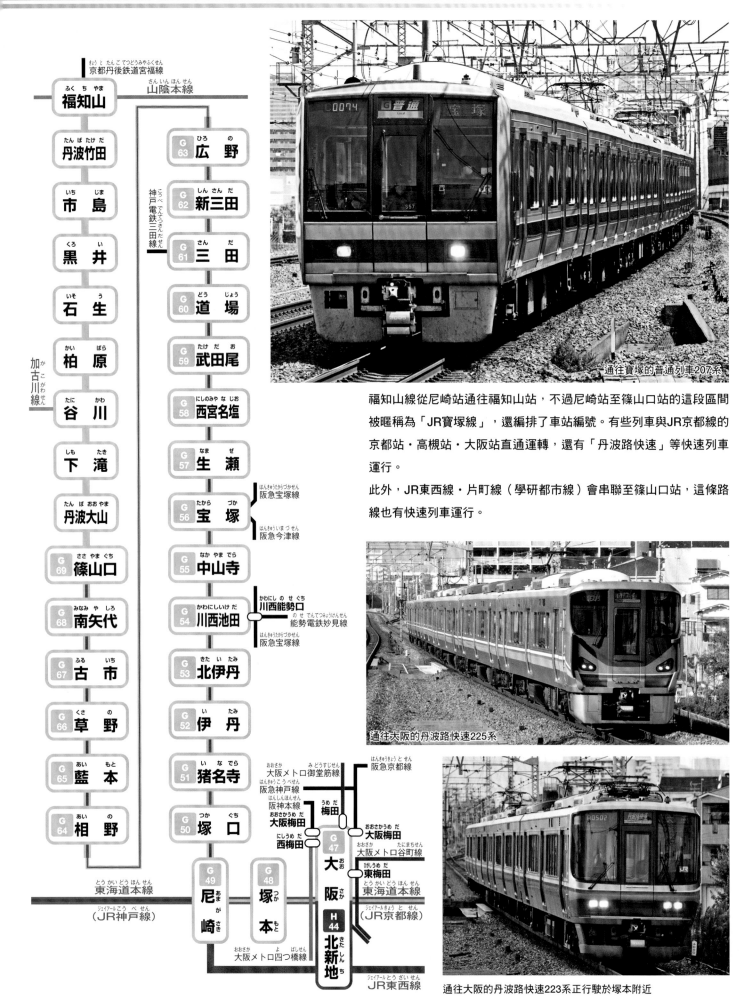

京都丹後鉄道宮福線

福知山

山陰本線

丹波竹田

市島

黒井

石生

柏原

谷川

下滝

丹波大山

G 69 篠山口

G 68 南矢代

G 67 古市

G 66 草野

G 65 藍本

G 64 相野

加古川線

神戸電鉄三田線

G 63 広野

G 62 新三田

G 61 三田

G 60 道場

G 59 武田尾

G 58 西宮名塩

G 57 生瀬

G 56 宝塚

阪急宝塚線

阪急今津線

G 55 中山寺

G 54 川西池田

川西能勢口

能勢電鉄妙見線

阪急宝塚線

G 53 北伊丹

G 52 伊丹

G 51 猪名寺

G 50 塚口

G 49 尼崎

東海道本線
（JR神戸線）

G 48 塚本

大阪メトロ御堂筋線
阪急神戸線
阪神本線

阪急京都線

梅田

西梅田

大阪梅田

大阪メトロ谷町線

東梅田

G 47 大阪

東海道本線
（JR京都線）

H 44 北新地

大阪メトロ四つ橋線

JR東西線

通往寶塚的普通列車207系

福知山線從尼崎站通往福知山站，不過尼崎站至篠山口站的這段區間被暱稱為「JR寶塚線」，還編排了車站編號。有些列車與JR京都線的京都站·高槻站·大阪站直通運轉，還有「丹波路快速」等快速列車運行。

此外，JR東西線·片町線（學研都市線）會串聯至篠山口站，這條路線也有快速列車運行。

通往大阪的丹波路快速225系

通往大阪的丹波路快速223系正行駛於塚本附近

正行駛於櫻花綻放的園部附近且各站停車的223系

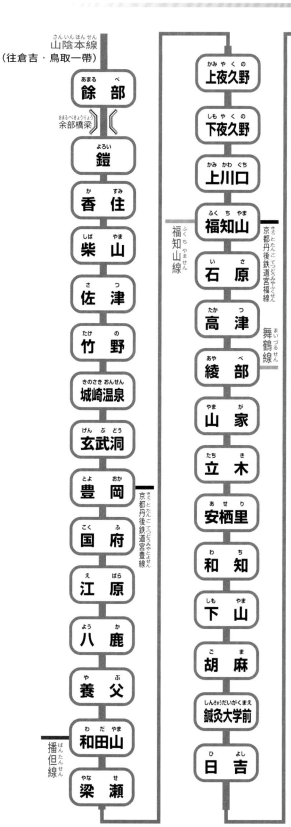

山陰本線（往倉吉・鳥取一帶）

- 餘部（あまるべ）
- 余部橋梁（あまるべきょうりょう）
- 鎧（よろい）
- 香住（かすみ）
- 柴山（しばやま）
- 佐津（さつ）
- 竹野（たけの）
- 城崎温泉（きのさきおんせん）
- 玄武洞（げんぶどう）
- 豊岡（とよおか）
- 国府（こくふ）
- 江原（えばら）
- 八鹿（ようか）
- 養父（やぶ）
- 和田山（わだやま）
- 梁瀬（やなせ）

京都丹後鉄道宮豊線（きょうとたんごてつどうみやとよせん）

播但線（ばんたんせん）

福知山線（ふくちやません）

- 上夜久野（かみやくの）
- 下夜久野（しもやくの）
- 上川口（かみかわぐち）
- 福知山（ふくちやま）
- 石原（いさ）
- 高津（たかつ）
- 綾部（あやべ）
- 山家（やまが）
- 立木（たちき）
- 安栖里（あせり）
- 和知（わち）
- 下山（しもやま）
- 胡麻（ごま）
- 鍼灸大学前（しんきゅうだいがくまえ）
- 日吉（ひよし）

京都丹後鉄道宮福線（きょうとたんごてつどうみやふくせん）

舞鶴線（まいづるせん）

- 船岡（ふなおか）
- E16 園部（そのべ）
- E15 吉富（よしとみ）
- E14 八木（やぎ）
- E13 千代川（ちよかわ）
- E12 並河（なみかわ）
- E11 亀岡（かめおか）
- E10 馬堀（うまほり）— トロッコ亀岡（かめおか）
- E09 保津峡（ほづきょう）
- E08 嵯峨嵐山（さがあらしやま）— トロッコ嵯峨（さが）
  - 嵐電嵯峨（らんでんさが）
  - 嵐電嵐山本線（らんでんあらしやまほんせん）
- E07 太秦（うずまさ）
- E06 花園（はなその）
- E05 円町（えんまち）
- E04 二条（にじょう）
- E03 丹波口（たんばぐち）
- E02 梅小路京都西（うめこうじきょうとにし）
- E01 京都（きょう と）

嵯峨野観光鉄道（さがのかんこうてつどう）

京都市営地下鉄東西線（きょうとしえいちかてつとうざいせん）

京都市営地下鉄烏丸線（きょうとしえいちかてつからすません）

東海道新幹線（とうかいどうしんかんせん）

東海道本線（とうかいどうほんせん）

東海道本線（JR京都線）（とうかいどうほんせん ジェイアールきょうとせん）

東海道本線（琵琶湖線）（びわこせん）

奈良線（ならせん）

山陰本線是從京都站出發，巡繞山陰並連結至山口縣下關市的幡生站，其中一段於京阪神地區的京都站至園部站之間還編排了車站編號，被暱稱為「嵯峨野線」。沿線有無數知名的溫泉與觀光地分布各處，其中位於鎧站與餘部站之間的餘部橋梁更是備受鐵道迷喜愛。搭乘列車行經時的景致宜人，從附設於餘部站的展望設施「天空之站」眺望的景色也是一絕。

通往龜岡且各站停車的221系正停靠保津峽站

這裡是展望甲板

特急濱風號KIHA189系正駛過餘部橋梁。照片較遠處如通道般的地方即展望設施「天空之站」的展望甲板

通往近江舞子且各站停車的223系

湖西線是從近江鹽津站通往山科站，沿著湖泊駛過琵琶湖的西岸。部分列車會從近江鹽津站與北陸本線串聯並直通敦賀站。此外，所有列車都與東海道本線（琵琶湖線）串聯，運行至山科站的下一站京都站，而部分列車會直接駛抵大阪站。另有新快速從敦賀站出發，經由湖西線・東海道本線駛至山陽本線的姬路站・網干站。

通往近江舞子且各站停車的113系是從京都站發車

※另有2節車廂編制且各站停車的521系（參照下一頁）行駛於近江今津站・近江鹽津站與敦賀站之間。

小浜線　北陸本線

B 08 敦賀 （つるが）
B 09 新疋田 （しんひきだ）
B 10 近江塩津 （おうみしおつ）　北陸本線
B 11 永原 （ながはら）
B 12 マキノ
B 13 近江中庄 （おうみなかしょう）
B 14 近江今津 （おうみいまづ）
B 15 新旭 （しんあさひ）
B 16 安曇川 （あどがわ）
B 17 近江高島 （おうみたかしま）
B 18 北小松 （きたこまつ）
B 19 近江舞子 （おうみまいこ）
B 20 比良 （ひら）
B 21 志賀 （しが）
B 22 蓬萊 （ほうらい）
B 23 和邇 （わに）
B 24 小野 （おの）
B 25 堅田 （かただ）
B 26 おごと温泉 （おんせん）
B 27 比叡山坂本 （ひえいざんさかもと）
B 28 唐崎 （からさき）
B 29 大津京 （おおつきょう）
B 30 山科 （やましな）
B 31 京都 （きょうと）

東海道新幹線 （とうかいどうしんかんせん）
東海道本線 （とうかいどうほんせん）（JR京都線）（ジェイアールきょうとせん）
奈良線 （ならせん）
京阪山科 （けいはんやましな）
京阪京津線 （けいはんけいしんせん）
山陰本線 （さんいんほんせん）（嵯峨野線）（さがのせん）
京都市營地下鐵烏丸線 （きょうとしえいちかてつからすません）
京都市營地下鐵東西線 （きょうとしえいちかてつとうざいせん）
京阪大津京 （けいはんおおつきょう）
東海道本線 （とうかいどうほんせん）（琵琶湖線）（びわこせん）

通往近江鹽津的新快速223系

北陸本線是連結米原站與金澤站的路線。路線代號與東海道本線（琵琶湖線・JR京都線・JR神戶線）・山陽本線（JR神戶線）一樣都是A，編為1號的是北陸本線的敦賀站。有新快速與快速從敦賀站出發並直通運轉至東海道本線（琵琶湖線・JR京都線・JR神戶線）・山陽本線（JR神戶線）（參照P.35）。此外，還有湖西線從近江鹽津站串聯至福井站。敦賀站與南今庄站之間則有條全長13,870m的北陸隧道，使這2站在JR西日本的在來線中成了站距最長的區間。

越前武生
ふくいてつどうふくたけせん
福井鐵道福武線

たけ ふ
武 生
ほくりくほんせん
北陸本線
（福井・金澤一帶）

おう しお
王子保

なん じょう
南 条

ゆ の お
湯 尾

いま じょう
今 庄

みなみ いま じょう
南今庄

お ばません
小浜線

A 01　つる が
敦 賀

A 02　しん ひき だ
新疋田

こ せいせん
湖西線

A 03　おう み しお つ
近江塩津

A 04　よ ご
余 呉

A 05　き の もと
木ノ本

A 06　たか つき
高 月

A 07　かわ け
河 毛

A 08　とら ひめ
虎 姫

A 09　なが はま
長 浜

A 10　た むら
田 村

A 11　さか た
坂 田

とうかいどうしんかんせん
東海道新幹線

A 12　まい
米
ばら
原
とうかいどうほんせん
東海道本線
（名古屋・東京一帶）

おうみてつどうほんせん
近江鐵道本線

在JR西日本的在來線中站距最長的區間
（16.6km）

今庄站

南今庄站

北陸本線

北陸隧道
於1962年完工
總長13,870m

敦賀站

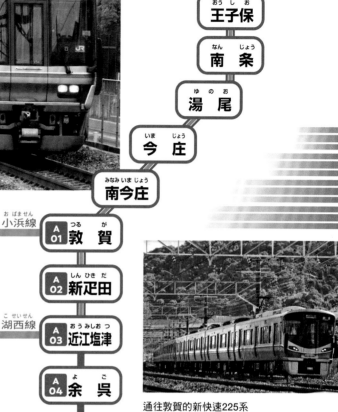
通往敦賀的新快速225系

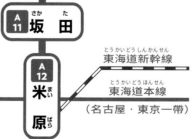
正停靠坂田站的521系

※雖然班次極少，不過除了這裡所介紹的列車外，也有使用221系的列車。

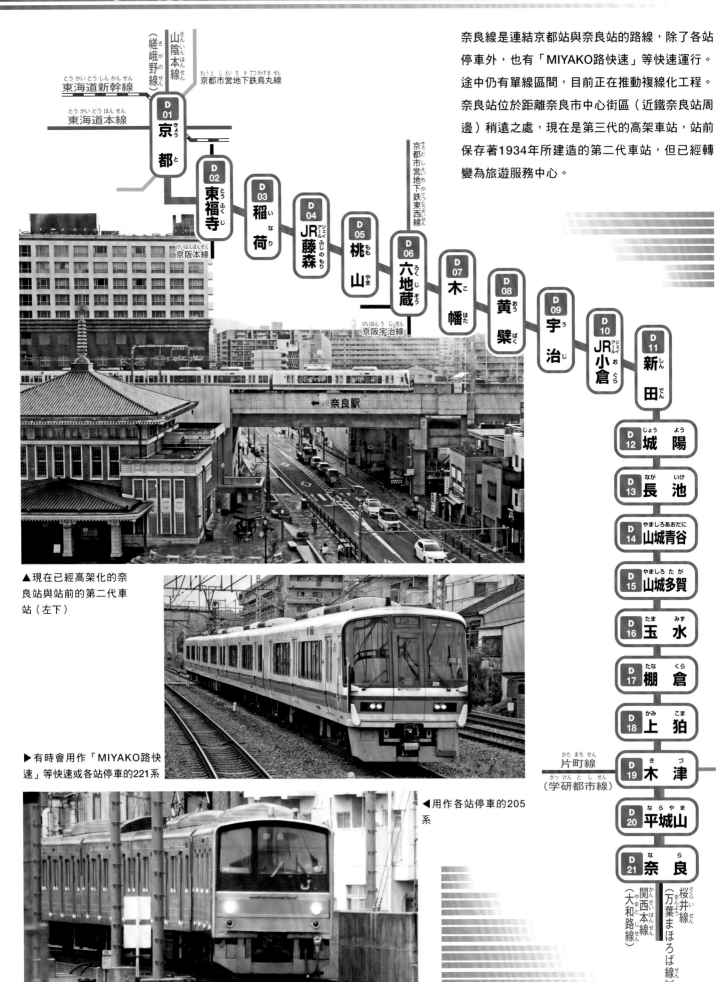

奈良線是連結京都站與奈良站的路線，除了各站停車外，也有「MIYAKO路快速」等快速運行。途中仍有單線區間，目前正在推動複線化工程。奈良站位於距離奈良市中心街區（近鐵奈良站周邊）稍遠之處，現在是第三代的高架車站，站前保存著1934年所建造的第二代車站，但已經轉變為旅遊服務中心。

山陰本線（嵯峨野線）

東海道新幹線

京都市營地下鐵烏丸線

東海道本線

京都市營地下鐵東西線

D01 京都

D02 東福寺

京阪本線

D03 稲荷

D04 JR藤森

D05 桃山

D06 六地蔵

京阪宇治線

D07 木幡

D08 黄檗

D09 宇治

D10 JR小倉

D11 新田

D12 城陽

D13 長池

D14 山城青谷

D15 山城多賀

D16 玉水

D17 棚倉

D18 上狛

片町線（学研都市線）

D19 木津

D20 平城山

D21 奈良

関西本線（大和路線）

桜井線（万葉まほろば線）

▲現在已經高架化的奈良站與站前的第二代車站（左下）

▶有時會用作「MIYAKO路快速」等快速或各站停車的221系

◀用作各站停車的205系

C JR草津線

行駛於貴生川附近的113系

此線是連結東海道本線（琵琶湖線）草津站與關西本線柘植站的路線，所有列車皆為各站停車。部分列車與東海道本線（琵琶湖線・JR京都線）串聯，直通運轉至京都站・大阪站。路線代碼為C，但未設定車站編號。可從途中的貴生川站轉乘信樂高原鐵道前往陶藝之鄉「信樂」，亦可從柘植站轉乘關西本線前往忍者之鄉「伊賀上野」。

東海道本線（琵琶湖線）
A 24 草 津

手 原

石 部

甲 西

三 雲

通往柘植且各站停車的223系

通往柘植且各站停車的225系是從南草津站發車

信樂高原鐵道　近江鉄道

貴生川

甲 南

引領遊客
從京都前往忍者之鄉！

柘植站裡關西本線乘車處的導覽看板上繪製了忍者，並寫著「『忍者』請至1號月台」的字樣。這是試圖引領來自京都一帶的大批觀光客，前往也很受外國人喜愛的忍者之鄉「伊賀上野」。

寺 庄

甲 賀

油 日

通往草津的221系（左）與通往柘植的113系（右）於甲南站交錯而過

関西本線
（非電氣化區間）
柘 植

行駛於關西本線非電氣化區間的是KIHA120型氣動車

關西本線從加茂站通往龜山站的區間尚未電氣化。因此,唯獨這段區間是由KIHA120型柴油列車行駛。加太站與柘植站之間有段名為加太越的陡坡（25‰※），在蒸汽機關車運行的時代,要越過這段陡坡實屬不易。時至今日,柴油列車仍須加足馬力,緩緩往上爬行。

※千分比:此數值是用以顯示每前進1000m會產生多少m的高低差。

奈良線

関西本線
（大和路線）

関西本線
（非電氣化區間）

草津線

関西本線
（JR東海）

片町線
（学研都市線）

Q38 木津
Q39 加茂
笠置
大河原
月ケ瀬口
島ケ原
伊賀上野
佐那具
新堂
柘植
加太
関
CJ17 龜山

往名古屋

加太越

伊賀鉄道

Q37 平城山

Q36 奈良

桜井線
（万葉まほろば線）

関西本線
（大和路線）

正要駛過加太越的蒸汽機關車。看得出來正竭盡全力燃燒煤炭一步步往上爬坡

221系正駛過櫻花綻放的高田川鐵橋

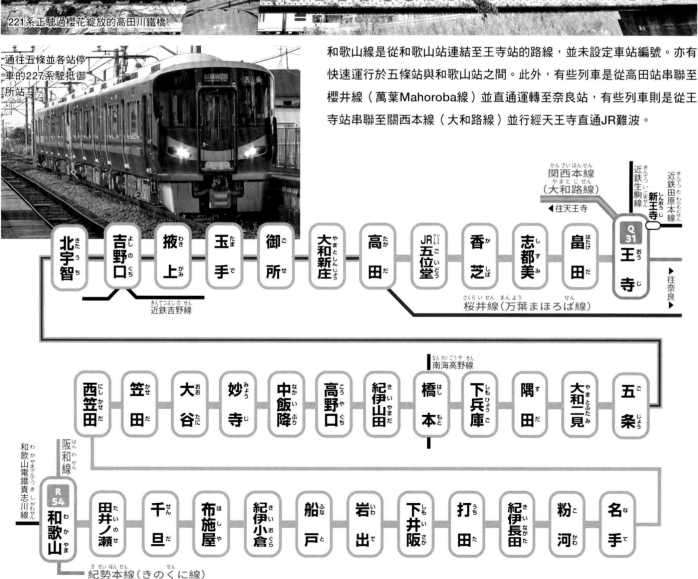

通往五條並各站停車的227系駛抵御所站

和歌山線是從和歌山站連結至王寺站的路線，並未設定車站編號。亦有快速運行於五條站與和歌山站之間。此外，有些列車是從高田站串聯至櫻井線（萬葉Mahoroba線）並直通運轉至奈良站，有些列車則是從王寺站串聯至關西本線（大和路線）並行經天王寺直通JR難波。

関西本線（大和路線）　◀往天王寺

近鉄生駒線　新王寺　近鉄田原本線

北宇智　吉野口　掖上　玉手　御所　大和新庄　高田　JR五位堂　香芝　志都美　畠田　**Q31**王寺　往奈良▶

近鉄吉野線

桜井線（万葉まほろば線）

南海高野線

西笠田　笠田　大谷　妙寺　中飯降　高野口　紀伊山田　橋本　下兵庫　隅田　大和二見　五条

阪和線　和歌山電鐵貴志川線

R54和歌山　田井ノ瀬　千旦　布施屋　紀伊小倉　船戸　岩出　下井阪　打田　紀伊長田　粉河　名手

紀勢本線（きのくに線）

通往奈良且各站停車的227系正停靠王寺站

櫻井線是連結奈良站與高田站的路線，被暱稱為萬葉Mahoroba線。所有列車皆為各站停車，部分列車會串聯至和歌山線的五條站。

此外，關西本線（大和路線）的部分列車是經由櫻井線（萬葉Mahoroba線）運行於奈良站至王寺站之間。

通往櫻井且各站停車的221系正行駛於天理附近

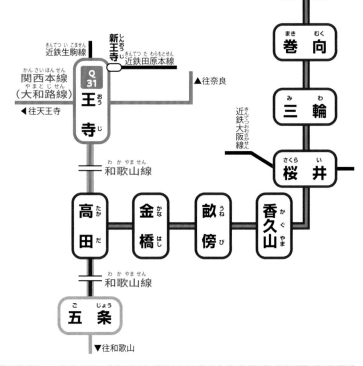

「Mahoroba」是後來才取的暱稱

西日本國鐵於1987年進行分割民營化而創建JR時，JR西日本為許多路線取了暱稱。然而，當時並未替櫻井線取暱稱。

後來，隨著吉祥物「遷都君（Sentokun）」登場，並舉辦了平城遷都1300年祭典等，使奈良開始受到關注，人們認為果然還是要替這條路線取個暱稱，於是舉辦了公開徵集，最終選定源於萬葉集的「萬葉Mahoroba線」。這個名稱是在2010年3月修訂時刻表後才正式採用，成了JR西日本最新命名的暱稱。

JR 浪速筋線（建設中）

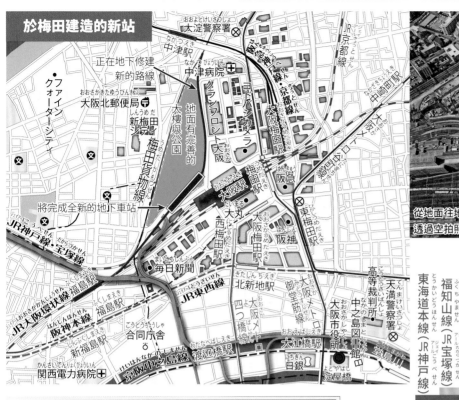

於梅田建造的新站

正在地下修建新的路線

將完成全新的地下車站→

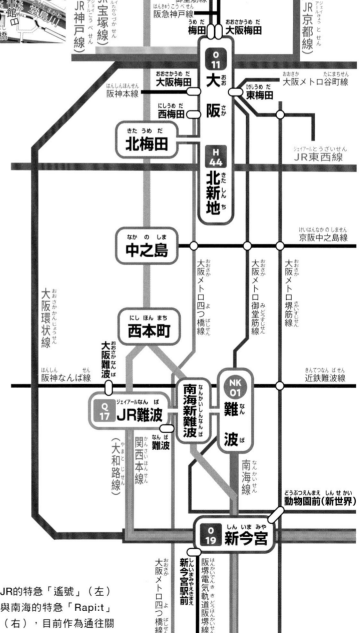

新站建設現場→

新梅田貨物站

大阪站

從地面往地下挖掘以修建新站的狀況。透過空拍照也能清楚掌握

浪速筋線完成後……

目前正在JR大阪站的東側建造新的車站。這座車站是爲了JR的新路線「浪速筋線（暫稱）」而建。浪速筋線將會部分變更從東海道本線（JR京都線）分離出來的梅田貨物線的路徑，修建成連結大阪站的新站，形成一條穿過地下並一路往南的路線。於中之島站（暫稱）連結至京阪中之島線，並於西本町站（暫稱）分歧爲JR線與南海線。JR線於JR難波站連結至關西本線（大和路線），南海線則是經由南海新難波站（暫稱）與南海本線匯流。

這條路線開通後，JR便可透過新大阪站～JR京都線～浪速筋線～JR難波站～天王寺站～阪和線・關西機場線這條路徑直通運轉至關西國際機場，新幹線與關西國際機場的交通會變得更方便。此外，南海線還可經由南海新難波站（暫稱）從西本町站（暫稱）與JR線串聯。

目前預定於2031年開通的這條路線完成後，或許就能在新大阪站或京都站看到南海的特急Rapi:t。

JR的特急「遙號」（左）與南海的特急「Rapi:t」（右），目前作爲通往關西國際機場的特急來運行

京阪神的JR快速

快速電車在JR西日本的京阪神地區十分活躍。還特別為其中好幾輛快速取名字，比如東海道本線的「新快速」、奈良線的「MIYAKO路快速」、大阪東線的「直通快速」、福知山線（JR寶塚線）的「丹波路快速」、關西本線（大和路線）的「大和路快速」，以及阪和線・關西機場線的「關空快速」，皆已成為各路線最具代表性的列車。

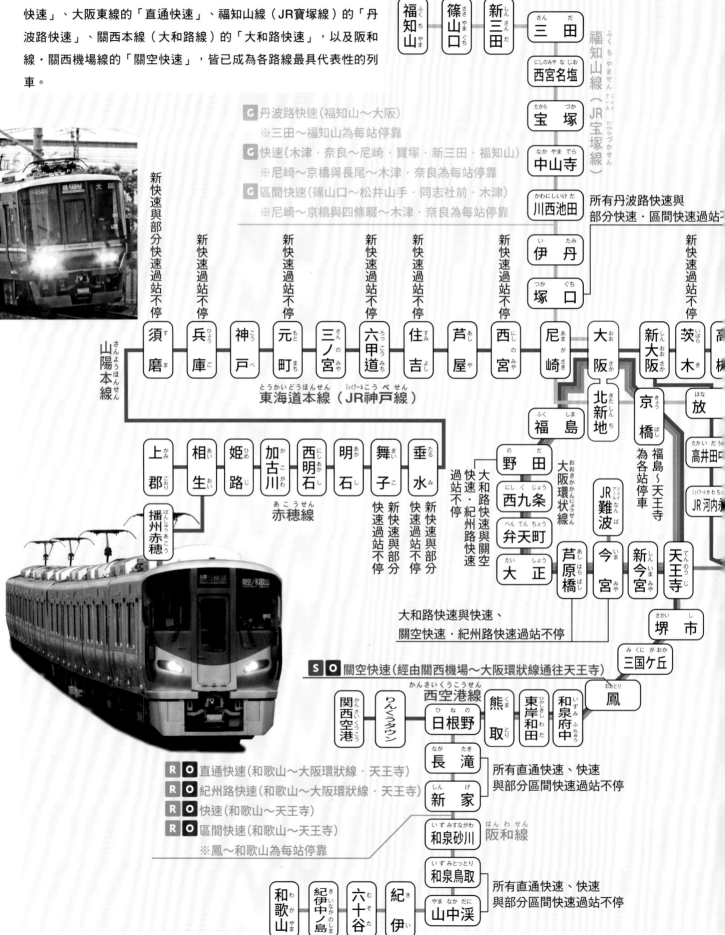

G 丹波路快速（福知山～大阪）
※三田～福知山為每站停靠

G 快速（木津・奈良～尼崎・寶塚・新三田・福知山）
※尼崎～京橋與長尾～木津・奈良為每站停靠

G 區間快速（篠山口～松井山手・同志社前・木津）
※尼崎～京橋與四條畷～木津・奈良為每站停靠

福知山 篠山口 新三田 三田
福知山線（JR寶塚線）
西宮名塩
宝塚
中山寺
川西池田　所有丹波路快速與部分快速・區間快速過站不停
伊丹
塚口

新快速與部分快速過站不停
新快速過站不停
新快速過站不停
新快速過站不停
新快速過站不停
新快速過站不停
新快速過站不停

須磨 兵庫 神戸 元町 三ノ宮 六甲道 住吉 芦屋 西宮 尼崎 大阪 新大阪 茨木 高
山陽本線
東海道本線（JR神戸線）
北新地
福島
京橋　福島～天王寺為各站停車
JR河內

上郡 相生 姫路 加古川 西明石 明石 舞子 垂水
播州赤穂
赤穂線
新快速過站不停
新快速過站不停
新快速與部分快速過站不停
新快速與部分快速過站不停

野田　大阪環狀線
西九条
弁天町
大正
大和路快速與關空快速・紀州路快速過站不停
芦原橋
JR難波
今宮
新今宮
天王寺
堺市
三国ケ丘

大和路快速與快速、關空快速・紀州路快速過站不停

S O 關空快速（經由關西機場～大阪環狀線通往天王寺）

関西空港 りんくうタウン 日根野 熊取 東岸和田 和泉府中 鳳
西空港線

長滝 新家　所有直通快速、快速與部分區間快速過站不停
和泉砂川
阪和線
和泉鳥取
山中渓　所有直通快速、快速與部分區間快速過站不停

R O 直通快速（和歌山～大阪環狀線・天王寺）
R O 紀州路快速（和歌山～大阪環狀線・天王寺）
R O 快速（和歌山～天王寺）
R O 區間快速（和歌山～天王寺）
※鳳～和歌山為每站停靠

和歌山 紀伊中ノ島 六十谷 紀伊

B 新快速（上郡・播州赤穂〜敦賀）
※近江舞子〜敦賀為每站停靠

B 快速（上郡・播州赤穂〜敦賀）
※近江舞子〜敦賀為每站停靠

E 快速（園部〜京都）
※園部〜龜岡為各站停車

園部（その べ）

龜岡（かめ おか）

嵯峨嵐山（さが あらしやま）

山陰本線（嵯峨野線）（さんいんほんせん／さが の せん）

円町（えん まち）

二条（に じょう）

大津京（おお つ きょう）

湖西線（こ せいせん）

比叡山坂本（ひえいざんさかもと）
おごと温泉（おんせん）
堅田（かた た）
近江舞子（おうみ まいこ）

敦賀（つる が）
米原（まい ばら）
彦根（ひこ ね）

北陸本線（ほくりくほんせん）

新快速過站不停

新快速與部分快速過站不停

山崎（やま ざき）
長岡京（なが おか きょう）
向日町（むこう まち）
桂川（かつら がわ）
西大路（にし おお じ）
京都（きょう と）
山科（やま しな）

東海道本線（琵琶湖線）（とうかいどうほんせん／びわこせん）

大津（おお つ）
石山（いし やま）
南草津（みなみ くさ つ）
草津（くさ つ）
守山（もり やま）
野洲（や す）
近江八幡（おうみはちまん）
能登川（の と がわ）

東海道本線（JR京都線）（とうかいどうほんせん／ジェイアールきょうとせん）

東福寺（とう ふく じ）

A 新快速（上郡・播州赤穂〜敦賀）
※姬路〜上郡・播州赤穂與彥根〜敦賀為每站停靠

A 快速（上郡・播州赤穂〜敦賀）
※明石〜上郡・播州赤穂與高槻〜敦賀為每站停靠

住道（すみ の どう）
四条畷（しじょうなわて）
星田（ほし だ）
河内磐船（かわちいわふね）
（学研都市線）（がっけんとしせん）片町線（かたまちせん）
長尾（なが お）
松井山手（まついやまて）
同志社前（どうししゃまえ）

おおさか東線
直通快速
（新大阪〜奈良）
王寺〜奈良為每站停靠

六地蔵（ろく じ ぞう）
宇治（う じ）
城陽（じょう よう）
玉水（たま みず）

奈良線（な ら せん）

D MIYAKO 路快速（京都〜奈良）
D 區間快速（京都〜奈良）
※宇治〜奈良為每站停靠

久宝寺（きゅうほうじ）
王寺（おう じ）
法隆寺（ほうりゅう じ）
郡山（こおり やま）
木津（き づ）
加茂（か も）
奈良（な ら）

關西本線（大和路線）（さいほんせん／やまとじ せん）

Q O 大和路快速（經由加茂・奈良〜大阪環狀線通往天王寺・JR難波）
加茂〜王寺為每站停靠

Q O 快速（加茂・奈良〜JR難波）
加茂〜王寺為每站停靠

Q O 區間快速（經由加茂・奈良〜大阪環狀線通往天王寺・JR難波）
※加茂〜王寺與大阪環狀線內為每站停靠

A 新快速 Special Rapid Service

用以標示JR西日本在京阪神地區的列車類別。會同時顯示快速列車的名稱與路線字母（各站停車則是標示「普通」二字）。與大阪環狀線串聯的路線代號會顯示為**O**。

這張路線圖僅標示出快速停靠的車站

京阪神的JR特急列車

JR西日本以大阪・京都為中心，有通往各地的特急列車運行。大量運用287系與289系的車輛當成各式各樣的特急列車。此外，「超級白兔號」會行經智頭急行線，所以使用的是智頭急行的特急專用車輛HOT7000系；而部分「橋立號」是使用京都丹後鐵道的KTR8000型（參照P.87）。運行於名古屋一帶與大阪站之間的「飛驒號」則是JR東海的特急。

287系橋立號

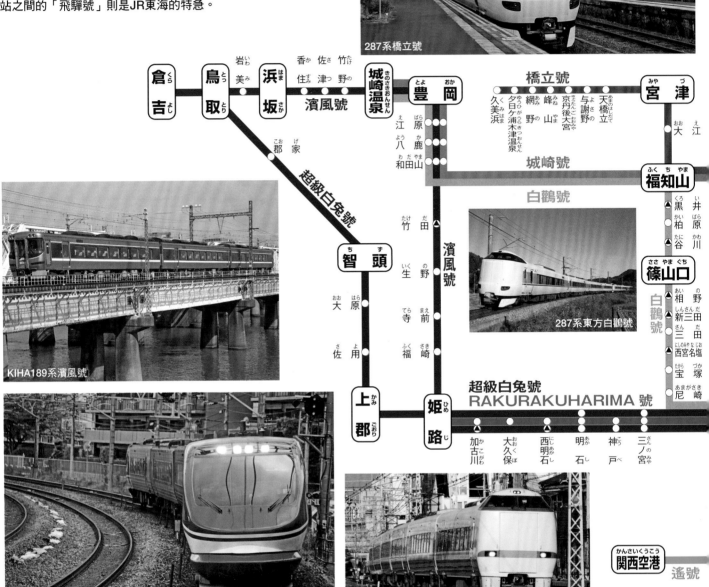

倉吉 鳥取 岩美 浜坂 香住 佐津 竹野 城崎溫泉 豐岡 宮津

濱風號

郡家

超級白兔號

橋立號
久美浜 夕ヶ浦木津溫泉 網野 峰山 京丹後大宮 与謝野 天橋立

城崎號

原鹿 江八 和田山

白鶴號

大江

福知山
井原川 黒井 柏原 谷

智頭

濱風號

竹田 野 生 寺前 福崎

大原 佐用

篠山口
相野 新三田 三田 西宮名塩 宝塚 尼崎

白鶴號

287系東方白鶴號

KIHA189系濱風號

智頭急行HOT7000系超級白兔號

上郡 姫路

超級白兔號
RAKURAKUHARIMA 號
加古川 大久保 西明石 明石 神戸 三ノ宮

289系RAKURAKUHARIMA號

関西空港 遙號

281系遙號

KIHA189系琵琶湖特快

289系城崎號・舞鶴號

683系雷鳥號

▲和倉温泉（わくらおんせん）
▲七尾（なな お）
▲羽咋（は くい）
▲津幡（つ ばた）
【金沢】（かな ざわ）

松任（まっとう）▲
小松（こ まつ）▲
加賀温泉（かがおんせん）▲
芦原温泉（あわらおんせん）▲

【福井】（ふく い）

鯖江（さば え）▲
武生（たけ ふ）▲
敦賀（つる が）▲
近江今津（おうみいまつ）▲
堅田（かた た）▲

雷鳥號

JR東海的KIHA85系特急飛驒號

【西舞鶴】（にし まい づる）　【東舞鶴】（ひがし まい づる）
【綾部】（あや べ）
▲日吉（ひ よし）
【園部】（その べ）
亀岡（かめ おか）
二条（に じょう）
【京都】（きょう と）

舞鶴號 橋立號
城崎號

【大阪】（おお さか）　【新大阪】（しん おお さか）

山科（やましな） 大津（おおつ） 石山（いしやま） 南草津（みなみくさつ） 【草津】（くさつ） 守山（もりやま） 野洲（やす） 近江八幡（おうみはちまん） 彦根（ひこね） 【米原】（まいばら）

名古屋・高山
飛驒古川・富山へ▶

琵琶湖特快
遙號

飛驒號

西九条（にしくじょう）
高槻（たか つき）

【天王寺】（てん のう じ）

日根野（ひ ねの）
和泉砂川（いずみ すながわ）
【和歌山】（わ か やま）

黑潮號

南島並浅坊

南部（みな べ）
紀伊田辺（きいたなべ）
【白浜】（しら はま）　【新宮】（しん ぐう）

周参見（すさみ） 串本（くしもと） 古座（こざ） 太地（たいじ） 紀伊勝浦（きいかつうら）

283系黑潮號

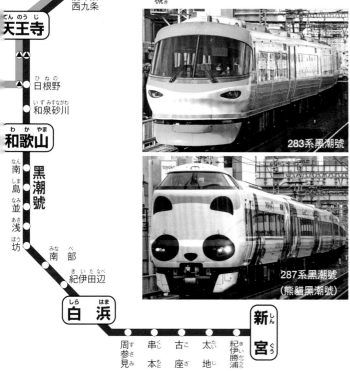
287系黑潮號
（熊貓黑潮號）

285系

寝台特急

▲往出雲市
日出出雲號

岡山（おかやま） 姫路（ひめじ） 三ノ宮（さんのみや） 大阪（おおさか）

往東京▶

日出出雲・瀬戸號

僅通往東京的特急會停靠　僅通往東京的特急會停靠

日出瀬戸號
▼往高松

新幹線

有3條新幹線通過京阪神地區，即JR東海所營運的東海道新幹線、 JR西日本所營運的北陸新幹線及山陽新幹線。東海道新幹線與山陽新幹線為直通運轉，而山陽新幹線與九州新幹線串聯。北陸新幹線是與JR東日本共同運行，從上越妙高站往西一帶則是由JR西日本負責。目前金澤站～敦賀站的區間正在建設中。

行駛於相生站附近的希望號N700S

行駛於相生～岡山之間
並直通九州新幹線的櫻號N700系

抵達富士站的北陸新幹線W7系

駛遍全日本的 新幹線路線

N700系成排並列的東海道新幹線
鳥飼車輛基地（大阪府攝津市）

＜新幹線＞　（建設中・計畫）
JR北海道
JR東日本
JR東海
JR西日本
JR九州
＜迷你新幹線＞
JR東日本

地圖標示：

札幌
北海道新幹線
新函館北斗
新青森
秋田新幹線
盛岡
秋田
山形新幹線
新庄
上越新幹線
仙台
北陸新幹線
新潟
福島
北陸新幹線
上越妙高
東北新幹線
金沢
長野
富山
高崎
敦賀
リニア中央新幹線
大宮
京都
名古屋
東京
岡山
新神戸
静岡
新大阪
浜松
廣島
東海道新幹線
山陽新幹線
博多
小倉
武雄温泉
西九州新幹線
熊本
長崎
九州新幹線
鹿児島中央

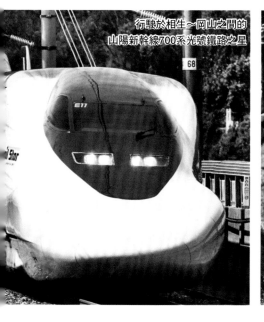

行駛於相生～岡山之間的
山陽新幹線500系回聲號

行駛於相生～岡山之間的
山陽新幹線700系光號鐵路之星

南北縱向貫穿大阪的御堂筋線，連結新大阪站・梅田站・難波站・天王寺站這幾個終點站，是大阪Metro乘客數居冠的路線。

M 御堂筋線的車輛

30000系

21系

與御堂筋線串聯的其他鐵道公司之列車

北大阪急行9000型

北大阪急行8000型

何謂北大阪急行電鐵？

爲了要通往1970年舉辦的日本萬國博覽會會場，所以打造出北大阪急行電鐵來作爲交通路線。大部分的列車都與大阪Metro御堂筋線互相直通運轉，連車站編號都是連續號碼。目前正在進行千里中央站～箕面萱野站之間的路線延長工程，預計於2023年年底開通。

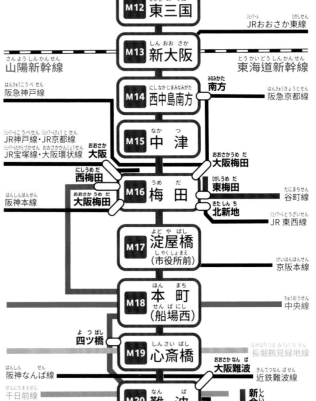

M06 箕面萱野
M07 箕面船場阪大前
M08 千里中央
M09 桃山台
M10 綠地公園
M11 江坂
M12 東三国
M13 新大阪
M14 西中島南方
M15 中津
M16 梅田
M17 淀屋橋（市役所前）
M18 本町（船場西）
M19 心斎橋
M20 難波
M21 大国町
M22 動物園前（新世界）
M23 天王寺駅前
M24 昭和町
M25 西田辺
M26 長居
M27 我孫子
M28 北花田
M29 新金岡
M30 中百舌鳥

千里中央～箕面萱野 預計於2023年年底開通

千里中央～江坂 屬於北大阪急行電鐵南北線

大阪モノレール
JRおおさか東線
山陽新幹線
東海道新幹線
阪急神戸線
南方 阪急京都線
JR神戸線・JR京都線
JR宝塚線・大阪環状線 大阪
西梅田
大阪梅田
阪神本線
大阪梅田
東梅田 谷町線
北新地
JR東西線
京阪本線
中央線
四ツ橋
長堀鶴見緑地線
阪神なんば線
大阪難波
近鉄難波線
千日前線
JR難波
JR関西本線（大和路線）
大阪環状線・阪和線
新今宮
谷町線
南海南大阪線・近鉄南大阪線
阪堺電気軌道上町線
JR阪和線
大阪阿部野橋
堺筋線
南海本線・高野線
新今宮駅前
阪堺電気軌道阪堺線
南海高野線
泉北高速鉄道

T 大阪Metro谷町線

谷町線連結了大阪官廳街與天王寺區・阿倍野區等文教地區，是大阪Metro中最長的路線，且乘客數第二多，僅次於御堂筋線。

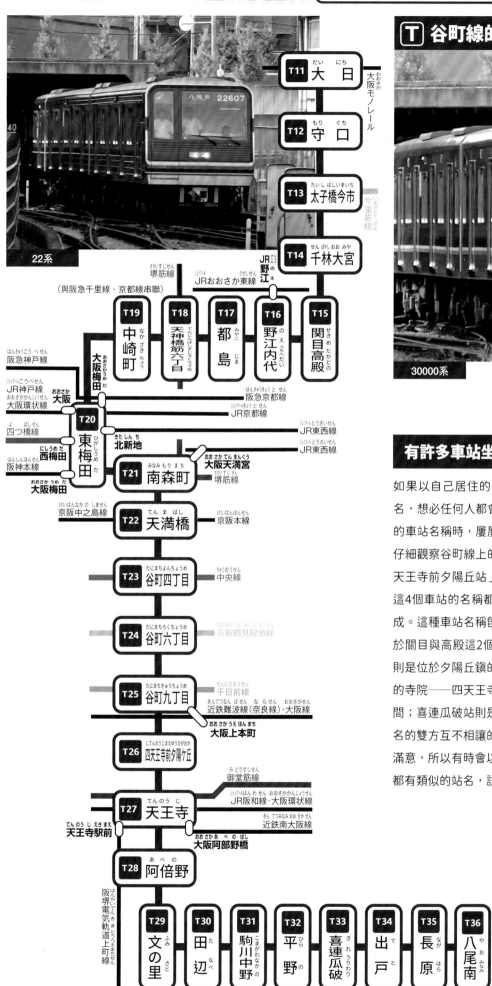

22系

T 谷町線的車輛

32602　八尾南

30000系

T11 大日 だいにち	大阪モノレール おおさかモノレール
T12 守口 もりぐち	
T13 太子橋今市 たいしばしいまいち	今里筋線 いまさとすじせん
T14 千林大宮 せんばやしおおみや	JR野江 ジェイアールのえ

JR野江 ジェイアールのえ
JRおおさか東線 ジェイアールおおさかひがしせん

T19 中崎町 なかざきちょう	**T18** 天神橋筋六丁目 てんじんばしすじろくちょうめ	**T17** 都島 みやこじま	**T16** 野江内代 のえうちんだい	**T15** 関目高殿 せきめたかどの

堺筋線 さいすじせん
（與阪急千里線・京都線串聯）

阪急神戸線 はんきゅうこうべせん
JR神戸線 ジェイアールこうべせん
大阪環状線 おおさかかんじょうせん
大阪 おおさか
大阪梅田 おおさかうめだ

阪急京都線 はんきゅうきょうとせん
JR京都線 ジェイアールきょうとせん

JR東西線 ジェイアールとうざいせん
JR東西線 ジェイアールとうざいせん

四つ橋線 よつばしせん
T20 東梅田 ひがしうめだ
北新地 きたしんち

阪神本線 はんしんほんせん
西梅田 にしうめだ
大阪梅田 おおさかうめだ

大阪天満宮 おおさかてんまんぐう

T21 南森町 みなみもりまち
堺筋線 さいすじせん

京阪中之島線 けいはんなかのしません
| **T22** 天満橋 てんまばし |
京阪本線 けいはんほんせん

| **T23** 谷町四丁目 たにまちよんちょうめ |
中央線 ちゅうおうせん

| **T24** 谷町六丁目 たにまちろくちょうめ |
長堀鶴見緑地線 ながほりつるみりょくちせん

| **T25** 谷町九丁目 たにまちきゅうちょうめ |
千日前線 せんにちまえせん
近鉄難波線（奈良線）・大阪線 きんてつなんばせん（ならせん）・おおさかせん
大阪上本町 おおさかうえほんまち

| **T26** 四天王寺前夕陽ケ丘 してんのうじまえゆうひがおか |

御堂筋線 みどうすじせん
JR阪和線・大阪環状線 ジェイアール・はんわせん・おおさかかんじょうせん

| **T27** 天王寺 てんのうじ |
近鉄南大阪線 きんてつみなみおおさかせん
天王寺駅前 てんのうじえきまえ
大阪阿部野橋 おおさかあべのばし

| **T28** 阿倍野 あべの |

阪堺電気軌道上町線 はんかいでんききどううえまちせん

T29 文の里 ふみのさと	**T30** 田辺 たなべ	**T31** 駒川中野 こまがわなかの	**T32** 平野 ひらの	**T33** 喜連瓜破 きれうりわり	**T34** 出戸 でと	**T35** 長原 ながはら	**T36** 八尾南 やおみなみ

有許多車站坐落在城鎮邊界的谷町線

如果以自己居住的城鎮名稱來為距離最近的鐵路車站命名，想必任何人都會感到高興。然而，在決定這條路線上的車站名稱時，屢屢會發生爭議。

仔細觀察谷町線上的站名會發現，「關目高殿站」、「四天王寺前夕陽丘站」、「駒川中野站」與「喜連瓜破站」這4個車站的名稱都是以多個地名或著名土產之名並列而成。這種車站名稱即所謂的複合式站名。關目高殿站是位於關目與高殿這2個城鎮的交接處；四天王寺前夕陽丘站則是位於夕陽丘鎮的車站，而在鎮的對面有座聞名全日本的寺院——四天王寺；駒川中野站也是夾在駒川與中野之間；喜連瓜破站則是位於喜連與瓜破的正中央。在推舉站名的雙方互不相讓的情況下，由任何一方決定都會有人不滿意，所以有時會以雙方的名稱並列作為站名。日本各地都有類似的站名，試著找找看應該不失為一種樂趣。

Y 大阪Metro四橋線

四橋線與御堂筋線並列為南北縱向貫穿大阪的幹線之一。該路線是從市中心梅田（西梅田站）往南延伸。

Y 四橋線的車輛

23系

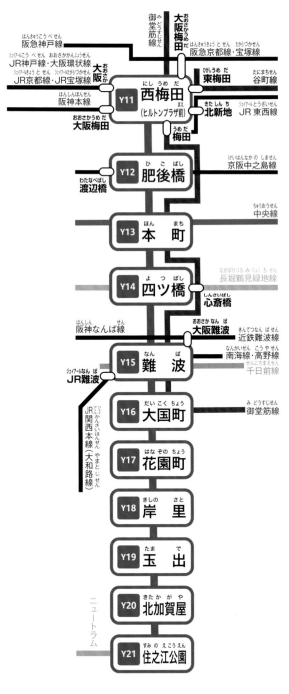

「四ツ橋」與「四つ橋」

在日語裡，這條路線的路線名為「四つ橋線」，但是 Y14 的站名卻是「四ツ橋」。為什麼會有「つ」與「ツ」的差別呢？

大阪的大馬路中，南北走向的道路稱為「筋」，東西走向的道路則稱為「通」。大阪Metro四橋線（四つ橋線）主要是在其中一條名為四橋筋（四つ橋筋）的大馬路下方運行。因此使用與道路名一樣的「つ」作為路線名。

另一方面，Y14 的四橋站（四ツ橋駅）是位於四橋筋與長堀通交叉路口的「四ツ橋」下方。這裡原本是南北流向的「西橫堀」與東西流向的「長堀」這2條水渠的交會處，上面架設了上繫橋、下繫橋、炭屋橋與吉野家橋這4座橋，因而被稱為「四橋（四ツ橋）」，其名稱一直都是使用「ツ」。這就是為什麼用來表達地點（車站）的名稱裡都是採用自古以來所用的「四ツ橋」。

大阪Metro大多採用第三軌形式

大多數的電車是從車頂上的集電弓取得電力，不過還有一種方式是在行駛用的2條軌道外，另設置1條傳送電力的專用軌來取得電力，即所謂的第三軌形式。大阪Metro有很多條路線是採用這種方式。比如大阪Metro御堂筋線・谷町線・四橋線・中央線・千日前線，以及與大阪Metro串聯的近畿日本鐵道京阪奈線・北大阪急行電鐵南北線。除此之外，日本國內還有其他路線採用此形式，比如札幌市交通局南北線、東京Metro銀座線跟丸之內線・橫濱市交通局藍線，以及名古屋市交通局東山線・名城線・名港線等。

第三軌
即所謂的第三條軌道，讓裝設於車體上的集電裝置接觸這條軌道，藉此為電車供應電力。

C 大阪Metro中央線

此線與近鐵京阪奈線串聯，連結奈良縣的學研奈良登美丘站與大阪灣岸地區的宇宙廣場站，又稱為「夢阪奈線」。

C 中央線的車輛

30000A系

20系

30000A系最終會消失？

自2022年7月起開始導入新的30000A系。其設計概念為「Dot（點、圓圈）」，連車體內外部裝飾的設計都統一成點與圓圈。此次在中央線所導入的30000A系，目前預計會運行至大阪博覽會結束為止，之後則轉移至谷町線。

24系

計畫延長與萬博相關的路線

決定於2025年舉辦大阪萬國博覽會後，中央線的路線將會從宇宙廣場站延長至萬博會場所在的夢洲。為了配合該活動，近鐵也正在規劃與近鐵奈良線等的直通運轉以及特急的運行。

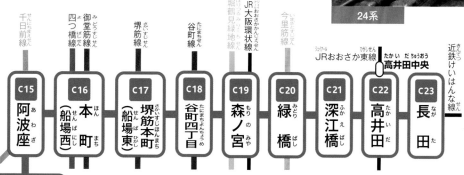

千日前線
C15 阿波座

御堂筋線
四つ橋線
C16 本町（船場西）

堺筋線
C17 堺筋本町（船場東）

谷町線
C18 谷町四丁目

長堀鶴見緑地線
JR大阪環状線
C19 森ノ宮

今里筋線
C20 緑橋

C21 深江橋

JRおおさか東線
C22 高井田（高井田中央）

近鉄けいはんな線
C23 長田

C14 九条　阪神なんば線

C13 弁天町　JR大阪環状線

C12 朝潮橋

C11 大阪港（天保山）

C10 コスモスクエア　ニュートラム

預計將路線延長至夢洲

與中央線串聯的其他鐵道公司之列車

近鐵7000系

近鐵7020系

S 大阪Metro千日前線

千日前線是從通往阪神本線的轉乘站阪神野田站出發，行駛經過難波・日本橋・鶴橋等「商業與美食之街的大阪」鬧區。

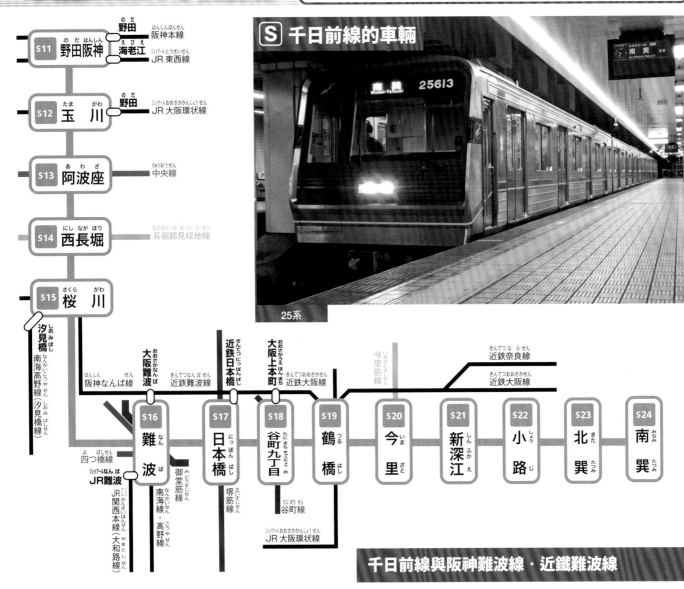

S 千日前線的車輛

25613

南巽

25系

野田
S11 野田阪神
阪神本線
海老江
JR 東西線

S12 玉川
野田
JR 大阪環状線

S13 阿波座
中央線

S14 西長堀
長堀鶴見綠地線

S15 桜川

汐見橋
南海高野線（汐見橋線）

大阪難波
阪神なんば線
近鉄難波線

近鉄日本橋
大阪上本町
近鉄大阪線

今里筋線

近鉄奈良線
近鉄大阪線

四つ橋線
JR難波
JR関西本線（大和路線）

御堂筋線
南海線・高野線

堺筋線

谷町線

JR 大阪環状線

| S16 難波 | S17 日本橋 | S18 谷町九丁目 | S19 鶴橋 | S20 今里 | S21 新深江 | S22 小路 | S23 北巽 | S24 南巽 |

於中央線導入新型車輛400系

大阪Metro正在計畫導入僅次於30000系的新型車輛，即為這款400系。預計從2023年4月開始導入中央線。

大阪Metro的目標是將來皆透過無須駕駛乘車的「自動駕駛」來運行，如今已經可以進行這項實驗（即所謂的驗證概念）。此外，每節車廂都會連結1節橫排式座椅的車廂。

千日前線與阪神難波線・近鐵難波線

千日前線在櫻川站與鶴橋站之間是行駛於名為「千日前通」的大馬路地下，櫻川站與谷町九丁目站之間則有阪神難波線（參照P.80）與近鐵難波線（參照P.54）並列而行。阪神難波線與近鐵難波線皆與「大阪難波站」相接並互相直通運轉，所以就像是在同一條路線上運行。每一站都可以轉乘至千日前線，只不過站名各異，必須格外留意。「櫻川站」在千日前線與阪神難波線上的站名是一致的，但是千日前線的「難波站」在阪神、近鐵上稱為「大阪難波站」；千日前線的「日本橋站」在近鐵難波線上稱為「近鐵日本橋站」；千日前線的「谷町九丁目站」在近鐵上則成了「大阪上本町站」。「鶴橋站」在JR大阪環狀線與近鐵奈良線・大阪線上都是同一個站名，且可轉乘至各條路線；不過千日前線的「今里站」雖然與近鐵線上的車站同名，卻相距甚遠，所以無法轉乘。千日前線並未與其他路線直通運轉，所以行駛的列車只有4節車廂編制的25系，在千日前線內每站停靠並往返運行。另一方面，阪神、近鐵的直通列車則是由連接神戶與奈良一帶的「快速急行」、「準急」與「普通」以6節或8節的車廂編制行駛。

堺筋線與阪急京都線・千里線互相直通運轉，所以從京都或千里一帶可南北縱貫大阪而無須轉乘，是很方便的路線。

Ｋ 堺筋線的車輛

66系前期型

66系翻新車

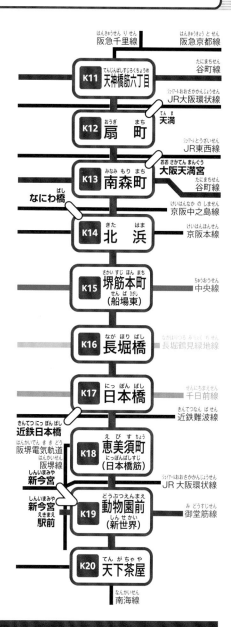

阪急千里線 はんきゅうせんりせん
阪急京都線 はんきゅうきょうとせん

K11 天神橋筋六丁目 てんじんばしすじろくちょうめ
谷町線 たにまちせん

天満 てんま
JR大阪環状線 ジェイアールおおさかかんじょうせん

K12 扇町 おうぎまち
JR東西線 ジェイアールとうざいせん

大阪天満宮 おおさかてんまんぐう
K13 南森町 みなみもりまち
谷町線 たにまちせん

なにわ橋 なにわばし
京阪中之島線 けいはんなかのしません

K14 北浜 きたはま
京阪本線 けいはんほんせん

K15 堺筋本町 さかいすじほんまち（船場東） せんばひがし
中央線 ちゅうおうせん

K16 長堀橋 ながほりばし
長堀鶴見緑地線 ながほりつるみりょくちせん

K17 日本橋 にっぽんばし
千日前線 せんにちまえせん
近鉄難波線 きんてつなんばせん

近鉄日本橋 きんてつにっぽんばし
K18 恵美須町 えびすちょう（日本橋筋） にっぽんばしすじ
JR大阪環状線 ジェイアールおおさかかんじょうせん

阪堺電気軌道 はんかいでんききどう
阪堺線 はんかいせん
新今宮 しんいまみや

新今宮 しんいまみや
駅前 えきまえ
K19 動物園前 どうぶつえんまえ（新世界） しんせかい
御堂筋線 みどうすじせん

K20 天下茶屋 てんがちゃや
南海線 なんかいせん

與堺筋線串聯的其他鐵道公司之列車

阪急1300系

阪急3300系

堺筋線可串聯至阪急京都線的淡路站・正雀站・茨木市站・高槻市站・京都河原町站，以及阪急千里線的北千里站。此外，另有準急運行以通往京都河原町。從阪急一帶串聯至此線的列車全都通往天下茶屋。

阪急5300系

阪急7300系

阪急8300系

為了要通往1990年在鶴見綠地舉辦的「國際花與綠博覽會（俗稱：花博）」會場，於是修建長堀鶴見綠地線的地下鐵作為交通路線。

N 長堀鶴見綠地線的車輛

70系

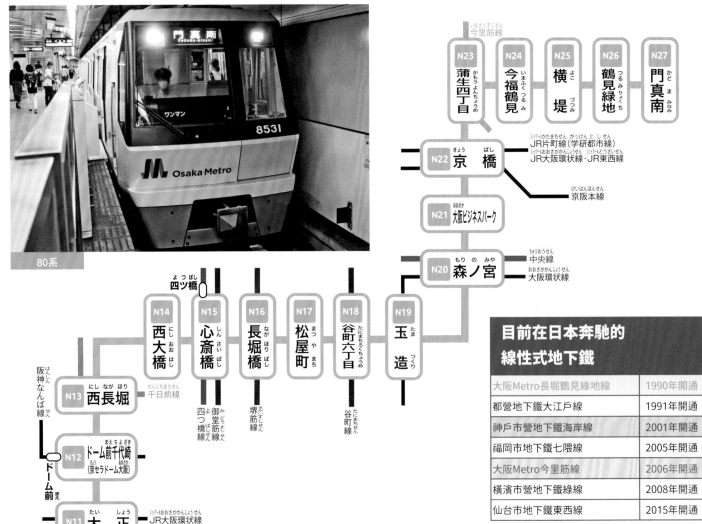

80系

採用鐵輪式線性馬達的迷你地下鐵

1990年舉辦「國際花與綠博覽會」時，率先開通了京橋站與鶴見綠地站之間的路段，路線名為「鶴見綠地線」。1996年將路線延長至心齋橋站時，改名為長堀鶴見綠地線。

這條路線是大阪Metro首度在日本採用「鐵輪式線性馬達」的地下鐵。使用線性馬達而非一般的馬達，卻以鐵製車輪在軌道上奔馳，而非如線性新幹線般讓車體懸浮。線性馬達比傳統馬達還要輕，故可裝載於小型車體中。因此，日本大多數的線性馬達式地下鐵都設計成「迷你地下鐵」，車體小且可於急彎處過彎。長堀鶴見綠地線亦是如此，高度與寬度都比其他形式的大阪Metro車輛小約10㎝。

目前在日本奔馳的線性式地下鐵

大阪Metro長堀鶴見綠地線	1990年開通
都營地下鐵大江戶線	1991年開通
神戶市營地下鐵海岸線	2001年開通
福岡市地下鐵七隈線	2005年開通
大阪Metro今里筋線	2006年開通
橫濱市營地下鐵綠線	2008年開通
仙台市地下鐵東西線	2015年開通

※ 依開通年份從早到晚排列

I 大阪Metro今里筋線

此線是以南北向連結大阪市東部的路線，與長堀鶴見綠地線一樣都是採用鐵輪式線性馬達，是車體稍小的迷你地下鐵。

I 今里筋線的車輛

80系

日野Blue Ribbon Hybrid

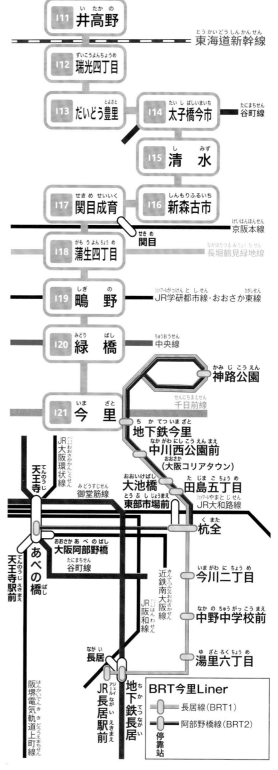

今里筋線與「今里Liner」

今里筋線有項從今里站往南延長路線的計畫，但是無法預測實際上會有多少乘客願意搭乘。因此，大阪Metro決定進行一項實驗（即所謂的社會實驗），這在日本是相當罕見的案例。大阪Metro在事先模擬延長路線的路徑上導入了BRT（Bus Rapid Transit：巴士快速交通系統），並將這套BRT命名為「今里Liner」。

「今里Liner」有長居線（BRT1）與阿部野橋線（BRT2）這2條路徑，長居線是通過今里筋線的今里站連結至長居站；阿部野橋線則是通過今里站連結至阿部野橋（天王寺站）。BRT大多設有巴士專用車道，不過「今里Liner」並未設置這些。因此，與其說是BRT，給人的印象更接近停靠站少的急行巴士。

於2019年開始運行，姑且先試運5年，觀察乘客數與沿線的發展狀況等，再決定是否要延長今里筋線的路線。

烏丸線是南北縱向貫穿京都市街區的路線。從竹田站與近鐵京都線·奈良線串聯，直通運轉至近鐵奈良站。

Ⓚ01 こくさいかいかん 国際会館	
Ⓚ02 まつがさき 松ヶ崎	
Ⓚ03 きたやま 北山	
Ⓚ04 きたおおじ 北大路	
Ⓚ05 くらまぐち 鞍馬口	
Ⓚ06 いまでがわ 今出川	
Ⓚ07 まるたまち 丸太町	
Ⓚ08 からすまおいけ 烏丸御池	とうざいせん 東西線
Ⓚ09 しじょう 四条	はんきゅうきょうとせん 阪急京都線 からすま 烏丸
Ⓚ10 ごじょう 五条	
Ⓚ11 きょうと 京都	ジェイアールとうかいどうしんかんせん JR東海道新幹線 ジェイアールとうかいどうほんせん JR東海道本線 （JR京都線·琵琶湖線） ジェイアールならせん さんいんほんせん さがのせん JR奈良線·山陰本線（嵯峨野線）
Ⓚ12 くじょう 九条	
Ⓚ13 じゅうじょう 十条	
Ⓚ14 くいなばし くいな橋	
Ⓚ15 たけだ 竹田	

きんてつきょうとせん 近鉄京都線

串聯至近鐵京都線、奈良線的近鐵奈良站

Ⓚ 烏丸線的車輛

20系

10系

與烏丸線串聯的其他鐵道公司之列車

近鐵3200系

近鐵3220系

T 京都市營地下鐵東西線

東西線是以東西向連結京都。從途中的御陵站與京阪京津線串聯，通往琵琶湖濱大津站。

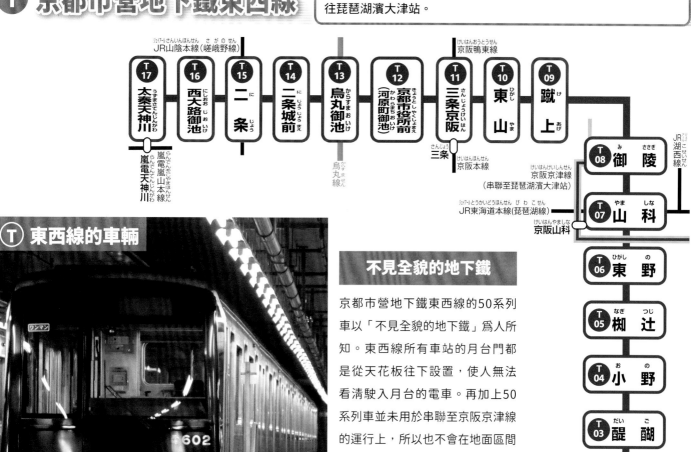

JR山陰本線（嵯峨野線）

- T 17 太秦天神川
- T 16 西大路御池
- T 15 二条
- T 14 二条城前
- T 13 烏丸御池
- T 12 京都市役所前（河原町御池）
- T 11 三条京阪
- T 10 東山
- T 09 蹴上

嵐電嵐山本線 嵐電天神川

烏丸線

京阪鴨東線

三条 京阪本線

京阪京津線（串聯至琵琶湖濱大津站）

JR東海道本線（琵琶湖線）

京阪山科

- T 08 御陵
- T 07 山科
- T 06 東野
- T 05 椥辻
- T 04 小野
- T 03 醍醐
- T 02 石田
- T 01 六地蔵

JR湖西線

JR奈良線
京阪宇治線

T 東西線的車輛

50系

不見全貌的地下鐵

京都市營地下鐵東西線的50系列車以「不見全貌的地下鐵」爲人所知。東西線所有車站的月台門都是從天花板往下設置，使人無法看清駛入月台的電車。再加上50系列車並未用於串聯至京阪京津線的運行上，所以也不會在地面區間中行駛。因爲這些原因，很少有人曾好好地觀察過50系的面貌（正面）。

與東西線串聯的其他鐵道公司之列車

京阪800系

神戶市營地下鐵‧神戶高速鐵道

神戶市營地下鐵的車輛

1000型

6000型

5000型(海岸線專用)

7000型

行駛於神戶高速鐵道線的車輛

神戶高速鐵道是一家沒有營運自家列車與乘務人員的公司，只為阪神電鐵、阪急電鐵、神戶電鐵、山陽電鐵提供下圖範圍內的軌道，即日本所謂的第三種鐵道事業者。各家鐵道公司分別以「阪神神戶高速線」、「阪急神戶高速線」、「神戶電鐵神戶高速線」與「山陽電鐵神戶高速線」之名在這個範圍內運行。高速神戶站與新開地站之間則是有阪神電鐵、阪急電鐵、山陽電鐵3家公司的列車運行之區間。

阪神電鐵、阪急電鐵、神戶電鐵與山陽電鐵有如下所示的列車（一部分），行駛於神戶高速鐵道線上。

阪神5500系(高速通往神戶且各站停車)

阪急1000系(通往新開地的特急)

神戶電鐵2000系(通往新開地的準急)

山陽電鐵5000系(通往姬路的特急)

神戶高速鐵道的路線

西代
高速長田
大開
新開地
高速神戶
西元町
元町
神戶三宮
花隈
湊川

以神戶市營地下鐵與神戶高速鐵道爲中心，神戶地區的鐵道網

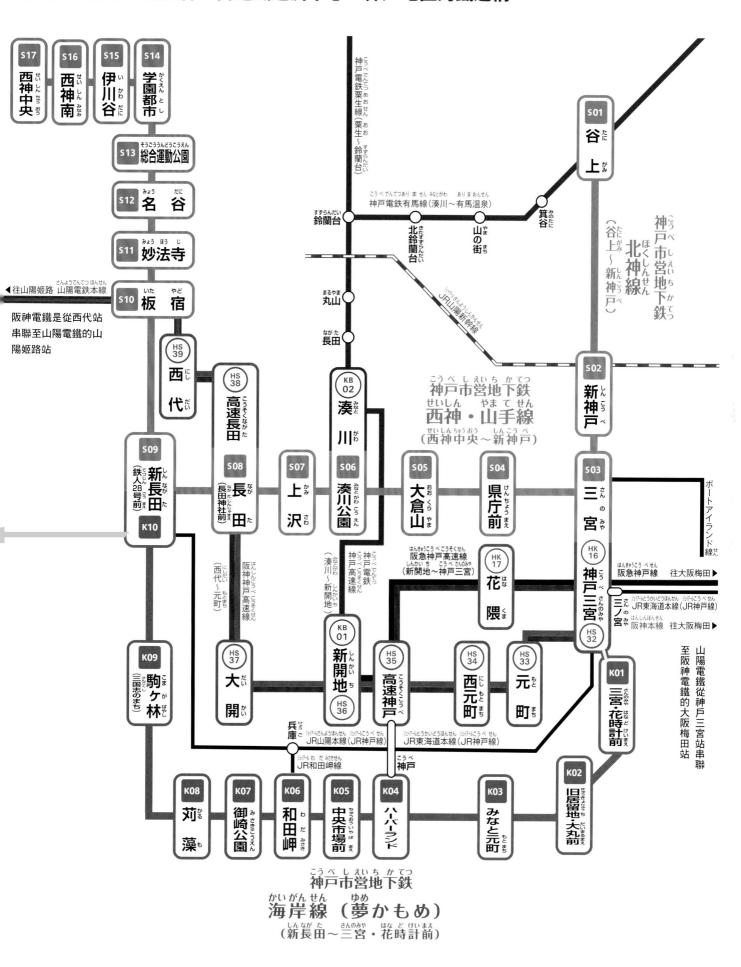

近畿日本鐵道

近鐵的全部路線

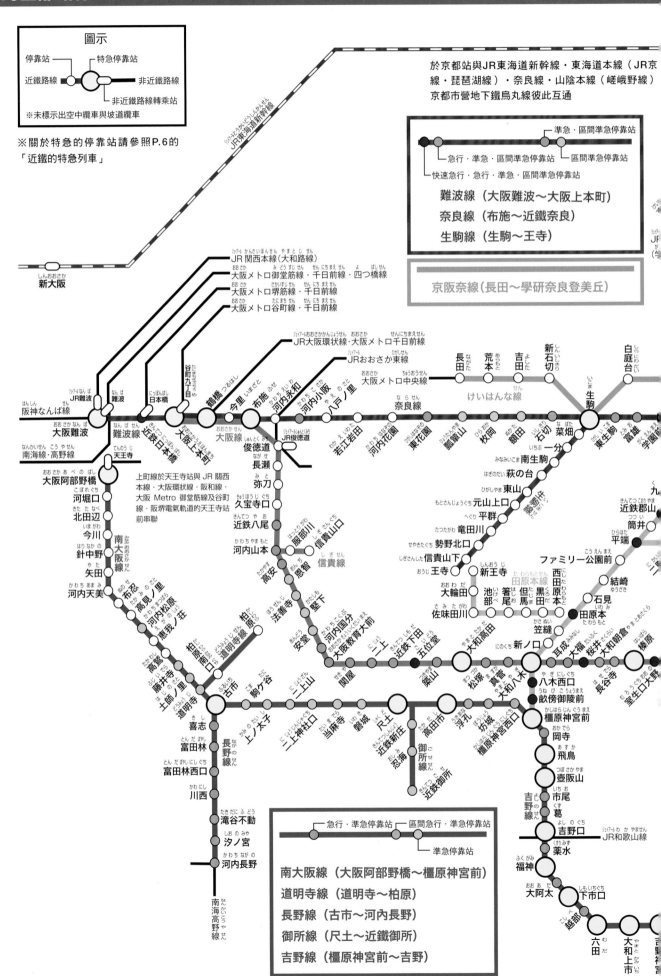

圖示

停靠站　　　特急停靠站
近鐵路線　　　　　　非近鐵路線
　　　　非近鐵路線轉乘站
※未標示出空中纜車與坡道纜車

※關於特急的停靠站請參照P.6的
「近鐵的特急列車」

於京都站與JR東海道新幹線・東海道本線（JR京都線・琵琶湖線）・奈良線・山陰本線（嵯峨野線）京都市營地下鐵烏丸線彼此互通

準急・區間準急停靠站
急行・準急・區間準急停靠站　　　區間準急停靠站
快速急行・急行・準急・區間準急停靠站

難波線（大阪難波〜大阪上本町）
奈良線（布施〜近鐵奈良）
生駒線（生駒〜王寺）

京阪奈線（長田〜學研奈良登美丘）

急行・準急停靠站　　　區間急行・準急停靠站
　　　　　　　準急停靠站

南大阪線（大阪阿部野橋〜橿原神宮前）
道明寺線（道明寺〜柏原）
長野線（古市〜河內長野）
御所線（尺土〜近鐵御所）
吉野線（橿原神宮前〜吉野）

近畿日本鐵道（近鐵）是一家擁有日本第二長軌道延伸的大型私鐵。從大阪・京都・奈良一帶橫貫紀伊半島，連結伊勢・志摩・名古屋。此外，還與大阪Metro、京都市營地下鐵與阪神電鐵等串聯。

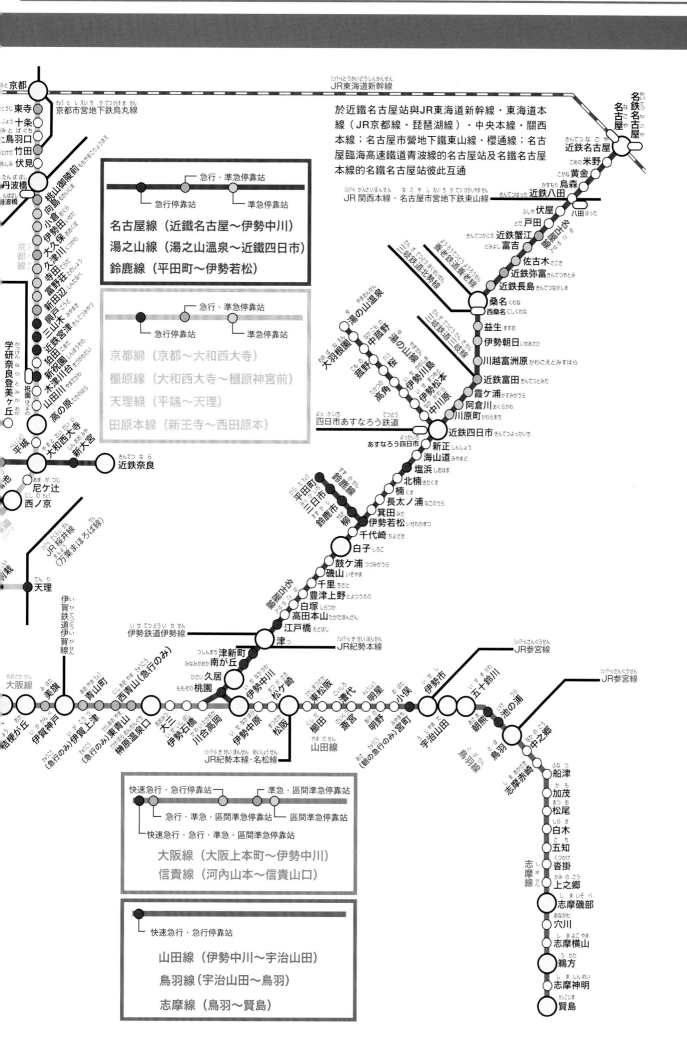

近畿日本鐵道

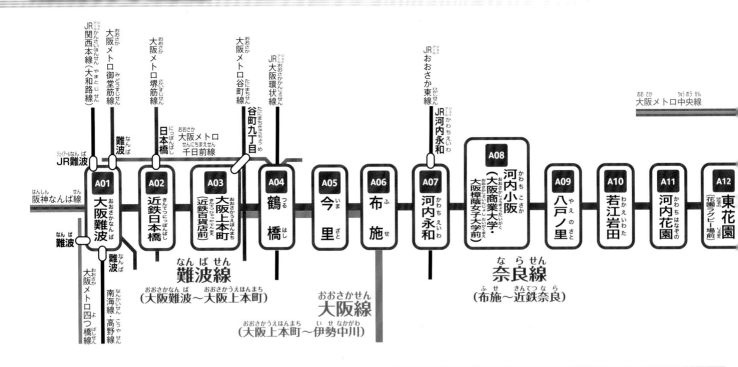

難波線・奈良線

將難波線與奈良線兩線合而爲一來運行，從大阪難波站與阪神難波線串聯，行經尼崎站並駛抵神戶三宮站。此外，從近鐵奈良站出發，行經大和西大寺站・京都線的竹田站，串聯至京都市營地下鐵烏丸線的國際會館站。大阪上本町站是含括地上站與地下站的雙層構造，地上月台是大阪線的起迄站，地下月台則爲難波線・奈良線的起迄站（不過大多數的特急即便是行經大阪線的列車，仍以地下月台爲起迄站）。地上月台爲終端式月台，設計成無法通往近鐵日本橋・大阪難波一帶的構造。

奈良線是在大和西大寺站與新大宮站之間橫向穿過平城宮遺跡的腹地。平城京作爲首都使用了約70年。相較之下，近鐵開始在現在的路線上行駛已逾百年，所以可以說近鐵的使用時間更長。

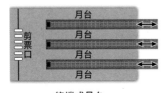

終端式月台

生駒線

最初是於1922年以信貴生駒電氣鐵道之名開通，作爲通往信貴山朝護孫子寺的參拜鐵道；1964年與近鐵合併後才形成現在的生駒線。生駒線中的所有列車都只在生駒站與王寺站之間運行且各站停車，並未經由生駒站與其他路線直通運轉（以前有些列車與奈良線直通運轉）。

京阪奈線

京阪奈線是從長田站與大阪Metro中央線串聯，直通運轉至宇宙廣場站。雖於生駒站連結至奈良線・生駒線，但並無直通運轉。爲了與採用第三軌形式（參照P.42）的大阪Metro中央線串聯，京阪奈線也同樣採用第三軌形式。近鐵的其他路線皆爲集電弓系統，所以京阪奈線無法與那些路線串聯。行駛於京阪奈線的近鐵車輛7000系與7020系也都是對應第三軌形式的專用列車。

近鐵奈良線橫向穿過平城宮遺跡的腹地

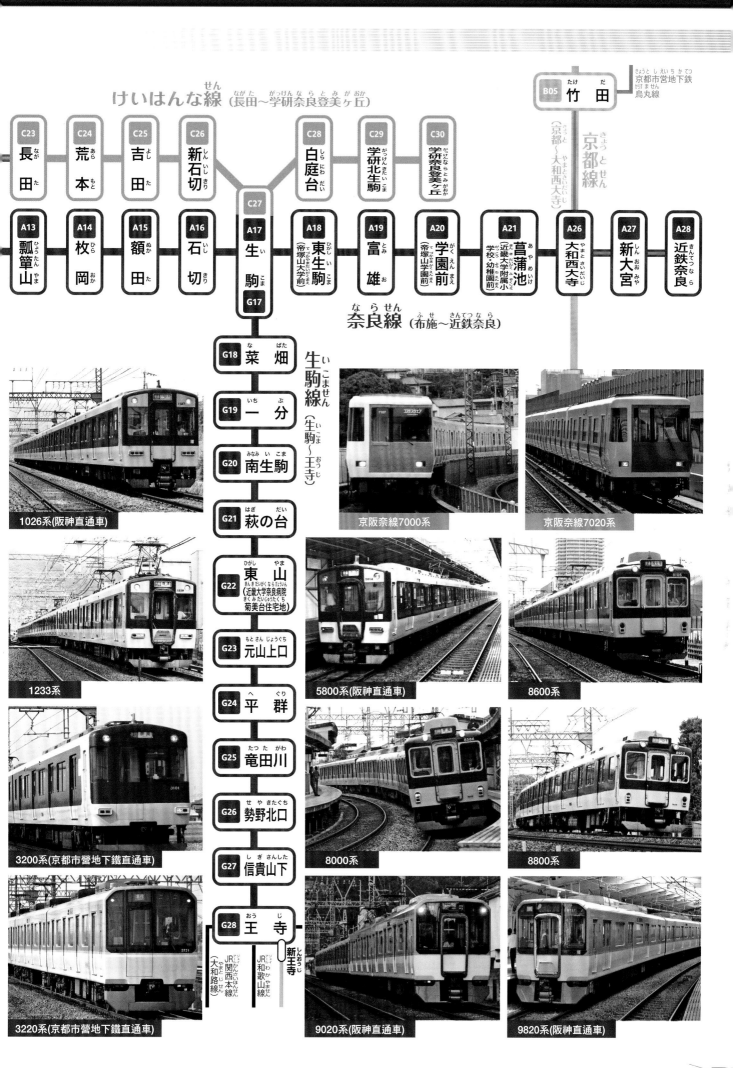

B05 竹田 たけだ
京都市営地下鉄 烏丸線 きょうとしえいちかてつ からすません

京都線 きょうとせん（京都～大和西大寺）

C23 長田 ながた
C24 荒本 あらもと
C25 吉田 よしだ
C26 新石切 しんいしきり
C28 白庭台 しらにわだい
C29 学研北生駒 がっけんきたいこま
C30 学研奈良登美ヶ丘 がっけんならとみがおか

C27

A13 瓢箪山 ひょうたんやま
A14 枚岡 ひらおか
A15 額田 ぬかた
A16 石切 いしきり
A17 生駒 いこま
G17
A18 東生駒 ひがしいこま（帝塚山大学前 てづかやまだいがくまえ）
A19 富雄 とみお
A20 学園前 がくえんまえ（帝塚山学園前 てづかやまがくえんまえ）
A21 菖蒲池 あやめいけ（近畿大学附属小学校・幼稚園前 きんきだいがくふぞくしょうがっこうようちえんまえ）
A26 大和西大寺 やまとさいだいじ
A27 新大宮 しんおおみや
A28 近鉄奈良 きんてつなら

奈良線 ならせん（布施～近鉄奈良 ふせ～きんてつなら）

生駒線 いこません（生駒～王寺 いこま～おうじ）

G18 菜畑 なばた
G19 一分 いちぶ
G20 南生駒 みなみいこま
G21 萩の台 はぎのだい
G22 東山 ひがしやま（近畿大学奈良病院 きんきだいがくならびょういん／菊美台住宅地 きくみだいじゅうたくち）
G23 元山上口 もとさんじょうぐち
G24 平群 へぐり
G25 竜田川 たつたがわ
G26 勢野北口 せやきたぐち
G27 信貴山下 しぎさんした
G28 王寺 おうじ

JR関西本線（大和路線）JRかんさいほんせん やまとじせん
JR和歌山線 JRわかやません
新王寺 しんおうじ

1026系(阪神直通車)

1233系

3200系(京都市営地下鐵直通車)

3220系(京都市営地下鐵直通車)

京阪奈線7000系

京阪奈線7020系

5800系(阪神直通車)

8600系

8000系

8800系

9020系(阪神直通車)

9820系(阪神直通車)

近畿日本鐵道

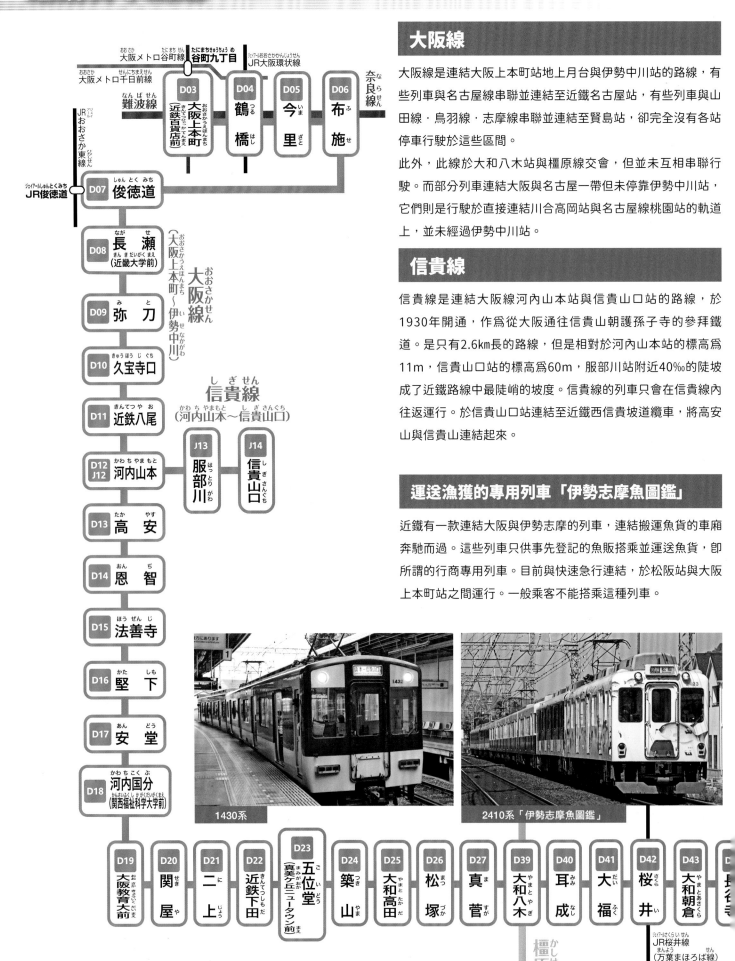

大阪メトロ谷町線 / 谷町九丁目 / JR大阪環状線

大阪メトロ千日前線 / 難波線 / 奈良線

JR おおさか東線

D03 大阪上本町（近鉄百貨店前）
D04 鶴橋
D05 今里
D06 布施

JR俊徳道 **D07** 俊徳道

D08 長瀬（近畿大学前）

大阪線（大阪上本町〜伊勢中川）

D09 弥刀

D10 久宝寺口

D11 近鉄八尾

信貴線（河内山本〜信貴山口）

D12 / J12 河内山本
J13 服部川
J14 信貴山口

D13 高安

D14 恩智

D15 法善寺

D16 堅下

D17 安堂

D18 河内国分（関西福祉科学大学前）

D19 大阪教育大前
D20 関屋
D21 二上
D22 近鉄下田
D23 五位堂（真美ケ丘ニュータウン前）
D24 築山
D25 大和高田
D26 松塚
D27 真菅
D39 大和八木
D40 耳成
D41 大福
D42 桜井
D43 大和朝倉

橿原線

JR桜井線（万葉まほろば線）

大阪線

大阪線是連結大阪上本町站地上月台與伊勢中川站的路線，有些列車與名古屋線串聯並連結至近鐵名古屋站，有些列車與山田線・鳥羽線・志摩線串聯並連結至賢島站，卻完全沒有各站停車行駛於這些區間。

此外，此線於大和八木站與橿原線交會，但並未互相串聯行駛。而部分列車連結大阪與名古屋一帶但未停靠伊勢中川站，它們則是行駛於直接連結川合高岡站與名古屋線桃園站的軌道上，並未經過伊勢中川站。

信貴線

信貴線是連結大阪線河內山本站與信貴山口站的路線，於1930年開通，作為從大阪通往信貴山朝護孫子寺的參拜鐵道。是只有2.6㎞長的路線，但是相對於河內山本站的標高為11m，信貴山口站的標高為60m，服部川站附近40‰的陡坡成了近鐵路線中最陡峭的坡度。信貴線的列車只會在信貴線內往返運行。於信貴山口站連結至近鐵西信貴坡道纜車，將高安山與信貴山連結起來。

運送漁獲的專用列車「伊勢志摩魚圖鑑」

近鐵有一款連結大阪與伊勢志摩的列車，連結搬運魚貨的車廂奔馳而過。這些列車只供事先登記的魚販搭乘並運送魚貨，即所謂的行商專用列車。目前與快速急行連結，於松阪站與大阪上本町站之間運行。一般乘客不能搭乘這種列車。

1430系

2410系「伊勢志摩魚圖鑑」

1620系

2430系

2610系

2800系

5200系

5800系

5820系

8810系

9020系

9200系

近畿日本鐵道

山田線

山田線‧鳥羽線‧志摩線是連結三重縣伊勢志摩區的路線，連結大阪難波站‧京都站‧近鐵名古屋站的特急皆於這3條路線上直通運轉。

其中山田線是指伊勢中川站與宇治山田站之間。這段區間可以高速運轉，因此特急「島風號」的50000系與特急「伊勢志摩Liner」的23000系皆以最高時速130km奔馳。

鳥羽線

鳥羽線是山田線宇治山田站與志摩線鳥羽站之間的名稱。是爲了配合1970年於大阪舉辦的日本萬國博覽會，也爲了方便前往鳥羽或志摩一帶觀光所用，作爲連結山田線與鳥羽線的路線而修建。

開通之初爲單線，但在開通5年後的1975年變成全線複線。

此外，從山田線的伊勢市站通往志摩線的鳥羽站之間，有條與鳥羽線並列而行的JR參宮線通過，不過JR參宮線是單線且非電氣化（柴油列車行駛）的路線。

志摩線

志摩線原本是三重交通的路線，後來才轉移至近鐵。開通之初是從國鐵參宮線鳥羽站（現在的JR東海參宮線鳥羽站）連結至志摩一帶，軌距與國鐵一樣是1,067mm。山田線的軌距爲1,435mm，所以兩條路線各異。爲此，連結山田線與志摩線的鳥羽線開通時，將志摩線的軌距也統一改成1,435mm，還更換了軌道並進行複線化的改良，以便來自大阪、京都與名古屋一帶的列車可以直通運轉。其帶來的結果是，此線如今作爲載運觀光客前往志摩的路線而發揮了莫大的作用。

皇家列車也是在近鐵上運行

「皇家列車」是日本皇室在國內利用鐵道移動時才會行駛。實際運行次數最多的是近鐵。在皇室參拜伊勢神宮時都會有特別列車運行。經由名古屋線‧山田線，將搭乘新幹線抵達名古屋站的皇室成員載運至宇治山田站。至於爲什麼使用近鐵，是因爲如果搭乘JR，離伊勢神宮最近的車站是伊勢市站，距離要參拜的伊勢神宮內宮太遠了。目前皇家列車是使用50000系的「島風號」。此外，宇治山田站裡還設置了貴賓室。

用作「皇家列車」的50000系島風號

近鐵宇治山田站還被登錄爲國家登錄有形文化財

1440系重現了三重交通時代的車廂塗裝▶

團體專用列車 20000系「樂」

近鐵備有團體專用的列車。其他鐵道公司也有包租普通列車的案例，但事先打造團體專用特殊列車的鐵道公司卻很罕見。左方照片爲團體專用列車之一的20000系「樂」，據說大多爲前往賢島一帶的觀光團所用。除此之外，近鐵還備有特定旅行社的觀光專用列車等。

大阪線
（おおさかせん）

名古屋線
（なごやせん）

D60	E43	D61 E61 M61	M62	M63	M64	M65	M66	M67	M68	M69	M70	M71	M72	M73	M74
川合高岡（かわいたかおか）	桃園（ももぞの）	伊勢中川（いせなかがわ）	伊勢中原（いせなかはら）	松ケ崎（まつがさき）	松阪（まつさか）	東松阪（ひがしまつさか）	櫛田（くしだ）	漕代（こいしろ）	斎宮（さいくう）	明星（みょうじょう）	明野（あけの）	小俣（おばた）	宮町（みやまち）	伊勢市（いせし）	宇治山田（うじやまだ）

JR参宮線（ジェイアールさんぐうせん）

JR名松線（ジェイアールめいしょうせん）

JR紀勢本線（ジェイアールきせいほんせん）

山田線（やまだせん）（伊勢中川〜宇治山田）

鳥羽線（とばせん）（宇治山田〜鳥羽）

M75	五十鈴川（いすずがわ）（内宮前）（ないくうまえ）
M76	朝熊（あさま）
M77	池の浦（いけのうら）
M78	鳥羽（とば）
M79	中之郷（なかのごう）（鳥羽水族館前）（とばすいぞくかんまえ）
M80	志摩赤崎（しまあかさき）
M81	船津（ふなつ）
M82	加茂（かも）
M83	松尾（まつお）
M84	白木（しらき）
M85	五知（ごち）
M86	沓掛（くつかけ）
M87	上之郷（かみのごう）
M88	志摩磯部（しまいそべ）
M89	穴川（あながわ）
M90	志摩横山（しまよこやま）
M91	鵜方（うがた）
M92	志摩神明（しましんめい）
M93	賢島（かしこじま）

志摩線（しません）（鳥羽〜賢島）（とば〜かしこじま）

1201系

1422系

1440系

2610系

5200系

9000系

近畿日本鐵道

京都線

京都線是京都站與大和西大寺站之間的路線。行駛於京都線的列車有一部分是從大和西大寺站出發，經由奈良線或橿原線直通運轉至奈良、大阪難波、橿原與伊勢・志摩一帶。此外，從竹田站與京都市營地下鐵烏丸線串聯並互相直通運轉。沿線正在推動國家級的專案「關西文化學術研究都市（京阪奈學研都市）」，大型的住宅社區也從新田邊站到大和西大寺站的周邊擴展開來。

橿原線

橿原線是連結大和西大寺站與橿原神宮前站的路線，有許多連結近鐵主要車站的列車運行於此。新之口站與大和八木站之間有條路線與大阪線連結，有觀光特急「島風號」等連結京都與伊勢・志摩一帶的列車直通運轉。大和西大寺站還與奈良線・京都線直通運轉，平端站則是與天理線直通運轉。橿原線與南大阪線・吉野線的軌距各異，所以並無直通運轉，不過只要在橿原神宮前站轉乘，即可從京都前往吉野。

天理線

天理線是橿原線的平端站與天理站之間長4.8km的路線。除了在平端站與天理站之間往返運行外，還有一些列車運行於京都線的京都站・大和西大寺站・新田邊站與天理站之間。天理線在開通當時是軌距為762mm的輕便鐵道，但是橿原線上的平端站建成時，軌距被改成1,435mm，與橿原線一致，以便行經橿原線的列車行駛。於天理站連結至JR櫻井線的天理站。

田原本線

田原本線是連結鄰接王寺站的新王寺站與西田原本站的路線。沿線上有個名為西大和新城的住宅社區，多利用此線來通勤與通學。開通時的軌距為1,067mm，會與國鐵的貨物列車串聯，但隨著電氣化而將軌距改為1,435mm後，便不再串聯了。可以在新王寺站轉乘至生駒線的王寺站，或在新田原本站轉乘至橿原線的田原本站，不過此線是近鐵中唯一一條未與其他路線連結的獨立線。

※西田原本站附近有條與橿原線相接的聯絡線。

1021系

1233系

3200系

3220系

8000系

8400系

8600系

8810系

8800系

9200系

9020系

9820系

近畿日本鐵道

名古屋線

名古屋線是連結近鐵名古屋站與伊勢中川站（與大阪線·山田線相接）的路線。伊勢中川站附近有條連結名古屋線與大阪線的聯絡線，其中有連結近鐵名古屋站與大阪難波站·大阪上本町站的「特急火鳥號」、「特急Urban Liner Plus」與「特急Urban Liner Next」（參照P.8）行駛。此外，還有連結近鐵名古屋站與伊勢一帶的「觀光特急島風號」（參照P.7）、「特急伊勢志摩Liner」與「特急VISTA Ace·EX」（參照P.9）運行。

1253系

鈴鹿線

鈴鹿線是連結名古屋線伊勢若松站與平田町站的路線，全區間皆行駛於鈴鹿市內。多用於神戶城的城下町觀光，加上鈴鹿市內工業區內有本田技研工業與旭化成等大型製造商的工廠，其員工多利用此線通勤。平日早上只有1班從名古屋線近鐵四日市出發通往平田町的急行列車，除此之外並無與名古屋線的直通運轉，只在鈴鹿線內往返運行。距離平田町站約15分鐘車程的地方有一家鈴鹿賽車場，會舉辦一級方程式賽車。

5800系

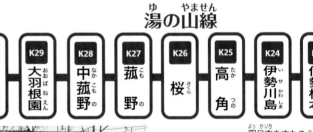
1010系

湯之山線

湯之山線是連結名古屋線近鐵四日市站與湯之山溫泉站的路線。開通時為軌距762㎜的輕便鐵道，但為了通往湯之山溫泉的運輸而將軌距改成與名古屋線一致的1,435㎜。定期列車中並無與其他路線直通運轉的列車，都是在湯之山線內往返運行，不過有時會有觀光列車「TSUDOI」（參照P.63）作為臨時列車，從近鐵名古屋站運行至湯之山溫泉站。

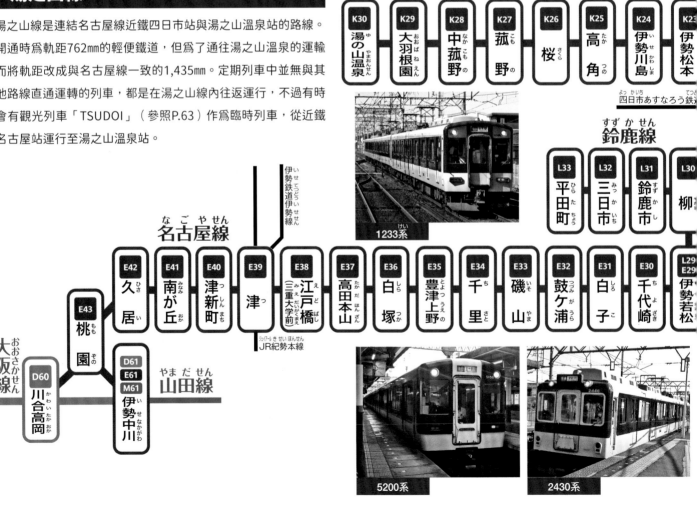
1233系

湯の山線

| K30 湯の山溫泉 | K29 大羽根園 | K28 中菰野 | K27 菰野 | K26 桜 | K25 高角 | K24 伊勢川島 | K23 伊勢松本 |

四日市あすなろう鐵道

鈴鹿線

| L33 平田町 | L32 三日市 | L31 鈴鹿市 | L30 柳 |

名古屋線

大阪線
D60 川合高岡
E43 桃園
E42 久居
E41 南が丘
E40 津新町
E39 津
E38 江戸橋（三重大学前）
E37 高田本山
E36 白塚
E35 豊津上野
E34 千里
E33 磯山
E32 鼓ケ浦
E31 白子
E30 千代崎
L29 E29 伊勢若松

伊勢鐵道伊勢線
JR紀勢本線

山田線

D61 E61 M61 伊勢中川

5200系

2430系

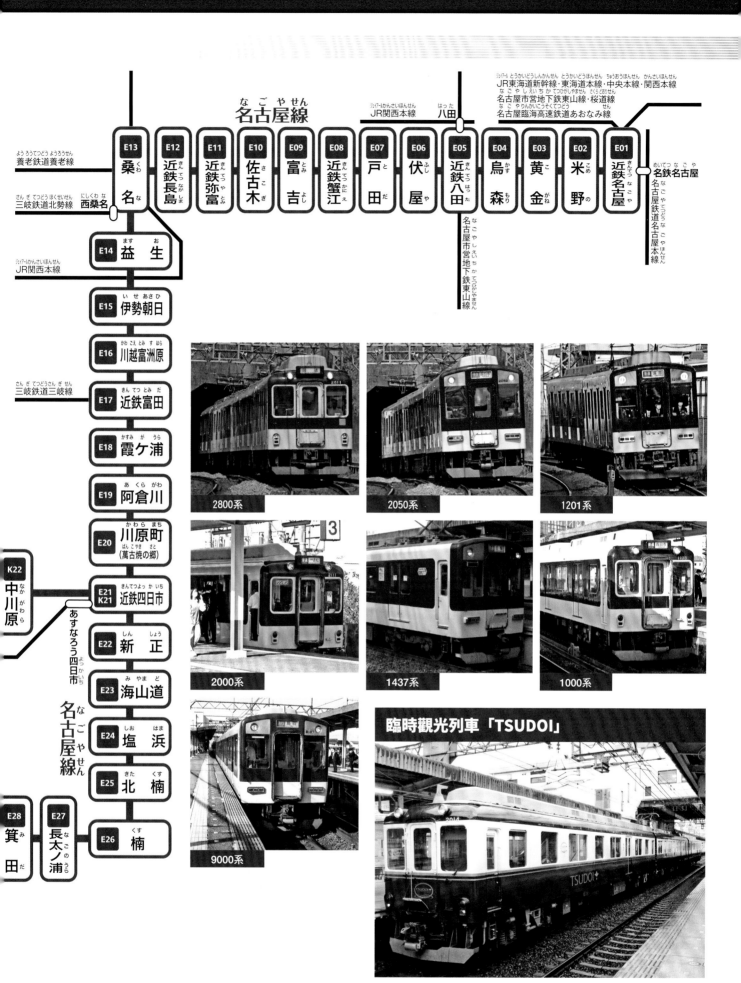

名古屋線

JR東海道新幹線・東海道本線・中央本線・関西本線
名古屋市営地下鉄東山線・桜通線
名古屋臨海高速鉄道あおなみ線

JR関西本線
八田 はった

養老鉄道養老線
ようろうてつどうようろうせん

三岐鉄道北勢線 さんぎてつどうほくせいせん 西桑名 にしくわな

| E13 桑名 くわな | E12 近鉄長島 きんてつながしま | E11 近鉄弥富 きんてつやとみ | E10 佐古木 さこぎ | E09 富吉 とみよし | E08 近鉄蟹江 きんてつかにえ | E07 戸田 とだ | E06 伏屋 ふしや | E05 近鉄八田 きんてつはった | E04 烏森 かすもり | E03 黄金 こがね | E02 米野 こめの | E01 近鉄名古屋 きんてつなごや |

名古屋市営地下鉄東山線 なごやしえいちかてつひがしやません

名鉄名古屋鉄道名古屋本線 めいてつなごやてつどうなごやほんせん

JR関西本線 ジェイアールかんさいほんせん

E14 益生 ますお

E15 伊勢朝日 いせあさひ

E16 川越富洲原 かわごえとみすはら

三岐鉄道三岐線 さんぎてつどうさんぎせん

E17 近鉄富田 きんてつとみだ

E18 霞ケ浦 かすみがうら

E19 阿倉川 あくらがわ

E20 川原町（萬古焼の郷） かわらまち（ばんこやきのさと）

K22 中川原 なかがわら

あすなろう四日市 あすなろうよっかいち

E21 K21 近鉄四日市 きんてつよっかいち

E22 新正 しんしょう

E23 海山道 みやまど

名古屋線 なごやせん

E24 塩浜 しおはま

E25 北楠 きたくす

E28 箕田 みだ

E27 長太ノ浦 なごうのうら

E26 楠 くす

2800系

2050系

1201系

2000系

1437系

1000系

9000系

臨時觀光列車「TSUDOI」

近鐵有時會安排一款名爲TSUDOI（つどい）的臨時觀光列車運行。這是以2013系改造而成的車輛，會在有例行觀光活動等時候行駛於湯之山線等處。

近畿日本鐵道

南大阪線・吉野線・道明寺線・長野線・御所線

在近鐵的路線中，南大阪線・吉野線・道明寺線・長野線・御所線是軌距屬於窄軌的路線。南大阪線・吉野線・長野線・御所線爲直通運轉，道明寺線則是在柏原站與道明寺站之間往返運行，並未與其他連結路線串聯。

南大阪線・吉野線於橿原神宮前站連結至橿原線，但是橿原線的軌距爲標準軌，所以無法直通運轉。

此外，大阪阿部野橋站所連結的高樓「阿倍野HARUKAS」是近鐵所建造的地上60層高樓大廈，除了有近鐵百貨公司與大阪萬豪都酒店進駐外，頂樓還設計成名爲「HARUKAS 300空中迴廊」的展望設施。

JR大阪環状線・関西本線（大和路線）・阪和線
大阪メトロ御堂筋線・谷町線
天王寺

天王寺駅前

阪堺電気軌道上町線

F01	大阪阿部野橋
F02	河堀口
F03	北田辺
F04	今川
F05	針中野（長居公園・植物園前）
F06	矢田
F07	河内天美（阪南大学前）
F08	布忍
F09	高見ノ里
F10	河内松原
F11	恵我ノ荘
F12	高鷲
F13	藤井寺
F14	土師ノ里
F15 N15	道明寺
F16 O16	古市
O17	喜志
O18	富田林
O19	富田林西口
O20	川西
O21	滝谷不動（大阪大谷大学前）
O22	汐ノ宮
O23	河内長野

南大阪線（大阪阿部野橋〜橿原神宮前）

長野線（古市〜河内長野）

南海高野線

近鐵的高樓大廈「阿倍野HARUKAS」

6020系

| N17 | 柏原 | JR関西本線（大和路線） |
| N16 | 柏原南口 |

道明寺線

南大阪線（大阪阿部野橋〜橿原神宮前）

F17	駒ケ谷
F18	上ノ太子
F19	二上山
F20	二上神社口
F21	当麻寺
F22	磐城
F23 P23	尺土
F24	高田市
F25	浮孔
F26	坊城
F2	橿原神宮西口

P24	近鉄新庄
P25	忍海
P26	近鉄御所

御所線

御所

JR和歌山線

近鐵有兩條軌距各異的路線

近鐵一共有21條路線，卻有2種軌距，即與新幹線同為標準軌（1,435mm）的區間（16條路線），以及與JR在來線等同為窄軌（1,067mm）的區間（5條路線）。同款列車無法跨區在這兩種軌距各異的區間內行駛。因此，即便是特急列車，「櫻Liner」與「Blue Symphony」也只在屬於窄軌區間的大阪阿部野橋站～吉野站之間行駛。

近鐵目前正在推動一項計畫，開發可在這兩種軌距各異的區間內行駛的車輛（軌距可變列車）。距離大功告成還需要很長一段時間，不過完成後便可讓直通大阪・京都・奈良・名古屋・伊勢志摩・吉野等據點的列車運行。

6820系

6400系

標準軌（1,435mm）

難波線・奈良線・生駒線・京阪奈線
京都線・橿原線・天理線・田原本線
大阪線・信貴線・名古屋線・湯之山線
鈴鹿線・山田線・鳥羽線・志摩線

窄軌（1,067mm）

南大阪線・道明寺線
長野線・御所線・吉野線

かしはらせん
橿原線

よしのせん
吉野線
（橿原神宮前～吉野）

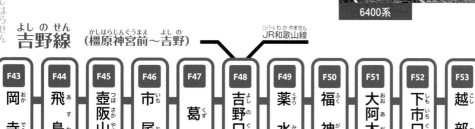

JR和歌山線（わかやません）

F42	F43	F44	F45	F46	F47	F48	F49	F50	F51	F52	F53	F54	F55	F56	F57
橿原神宮前	岡寺	飛鳥	壺阪山	市尾	葛	吉野口	薬水	福神	大阿太	下市口	越部	六田	大和上市	吉野神宮	吉野

6620系

6600系

6200系

南海電氣鐵道

🚃 南海線・高師濱線・多奈川線・加太線・和歌山港線 ✈ 機場線

南海線是連結難波站與和歌山市站的路線，於途中的岸里玉出站連結至高野線（汐見橋線），於羽衣站連結至高師濱線，於岬公園站連結至多奈川線，於紀之川站連結至加太線，於和歌山市站連結至和歌山港線。多奈川線是在該線區內往返運行，加太線則是在加太站與和歌山市站往返運行。部分連結難波站與和歌山市站的「特急南方號」會串聯至和歌山港線。泉佐野站則是連結通往關西機場的機場線，連結難波站與關西機場站之間的「特急Rapi:t」駛於其間。

50000系 特急Rapi:t　自2022年11月起, 作為特急泉北Liner運行

12000系 特急南方號

2000系

10000系 特急南方號

1000系

7100系

7100系

2200系

NK 44-7	加太 (かだ)
NK 44-6	磯ノ浦 (いそのうら)
NK 44-5	二里ヶ浜 (にりがはま)
NK 44-4	西ノ庄 (にしのしょう)
NK 44-3	八幡前 (はちまんまえ)
NK 44-2	中松江 (なかまつえ)
NK 44-1	東松江 (ひがしまつえ)

加太線 (かだせん)（加太～紀ノ川 かだ～きのかわ）

和歌山港線（和歌山港～和歌山市）(わかやまこうせん／わかやまこう～わかやまし)

JR 紀勢本線（きのくに線）(ジェイアール きせいほんせん)

NK 41-3	多奈川 (たながわ)
NK 41-2	深日港 (ふけこう)
NK 41-1	深日町 (ふけちょう)

多奈川線 (たながわせん)（多奈川～みさき公園 たながわ～みさきこうえん）

NK 45-1	和歌山港 (わかやまこう)
NK 45	和歌山市 (わかやまし)
NK 44	紀ノ川 (きのかわ)
NK 43	和歌山大學前 (わかやまだいがくまえ)（ふじと台 ふじとだい）
NK 42	孝子 (きょうし)
NK 41	みさき公園 (こうえん)
NK 40	淡輪 (たんのわ)
NK 39	箱作 (はこつくり)
NK 38	鳥取ノ荘 (とっとりのしょう)
NK 37	尾崎 (おざき)
NK 36	樽井 (たるい)
NK 35	岡田浦 (おかだうら)
NK 34	吉見ノ里 (よしみのさと)

這家鐵道公司 擁有9條鐵道路線，連結大阪南區、和歌山一帶以及高野山。連結泉北新城與大阪市中心的泉北高速鐵道是以難波站為起訖站，經由南海高野線直通運轉。營運路面電車的阪堺電氣軌道是南海電鐵的子公司。

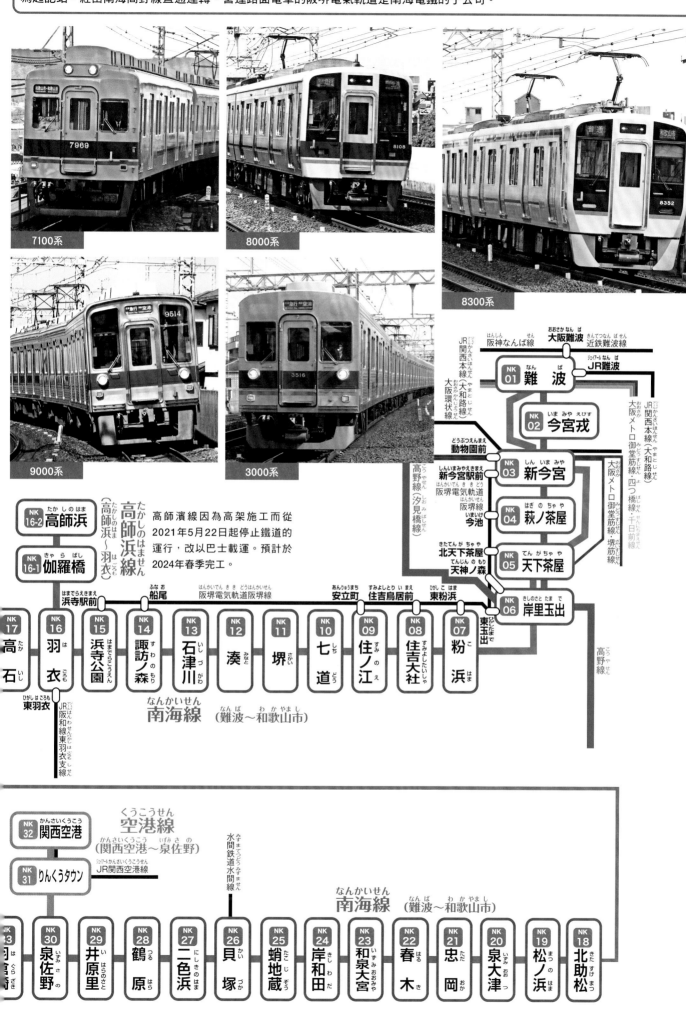

7100系

8000系

8300系

9000系

3000系

高師濱線因為高架施工而從2021年5月22日起停止鐵道的運行，改以巴士載運。預計於2024年春季完工。

南海電氣鐵道　泉北高速鐵道

高野線

高野線是連結汐見橋站與極樂橋站的路線，但是營運系統實際分成兩條，一條是在汐見橋站與岸里玉出站之間（暱稱：汐見橋線）往返運行；另一條則行駛於岸里玉出站與極樂橋站之間（實際上是直通運轉至難波站。暱稱：林間太陽線）。此外，從橋本站到極樂橋站這段區間加上鋼索線（高野山坡道纜車），此區間有個暱稱爲「高野花鐵道」。難波站與極樂橋站之間有「特急高野號」、難波站與橋本站之間有「特急林間號」、橋本站與極樂橋站之間則有觀光列車「天空號」行駛。

31000系 特急林間號

30000系 特急高野號

11000系 特急泉北Liner・特急林間號・特急高野號

50000系 特急泉北Liner

10000系50番台

2000系

2230系

2200系 天空號

2300系

6000系

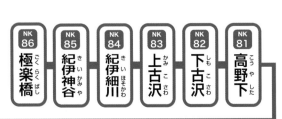

NK 86 極樂橋 ごくらくばし	NK 85 紀伊神谷 きいかみや	NK 84 紀伊細川 きいほそかわ	NK 83 上古沢 かみこさわ	NK 82 下古沢 しもこさわ	NK 81 高野下 こうやした

| NK 80 九度山 くどやま | NK 79 学文路 かむろ | NK 78 紀伊清水 きいしみず | NK 77 橋本 はしもと | NK 76 御幸辻 みゆきつじ | NK 75 林間田園都市 りんかんでんえんとし | NK 74 紀見峠 きみとうげ | NK 73 天見 あまみ | NK 72 千早口 ちはやぐち | NK 71 美加の台 みかのだい | NK 70 三日市町 みっかいちちょう | NK 69 河内長野 かわちながの | NK 68 千代田 ちよだ | NK 67 滝谷 たきだに |

JR和歌山線 わかやません

高野線 こうやせん（極樂橋〜汐見橋）ごくらくばし しおみばし

近鉄長野線 きんてつながのせん

6200系

6200系50番台

6300系

8300系

SB 泉北高速鐵道

3000系

5000系

7000系

泉北高速鐵道線是一條通勤路線，連結南海高野線的中百舌鳥站與泉北新城的和泉中央站。「各站停車」只在線內往返運行，「特急泉北Liner」、「區間急行」與「準急行」則是以難波站為起訖站，經由高野線・南海線進行運轉。「特急泉北Liner」是全車均為指定席且全區間皆收費的特急列車，以最快29分鐘的速度連結和泉中央站與難波站。

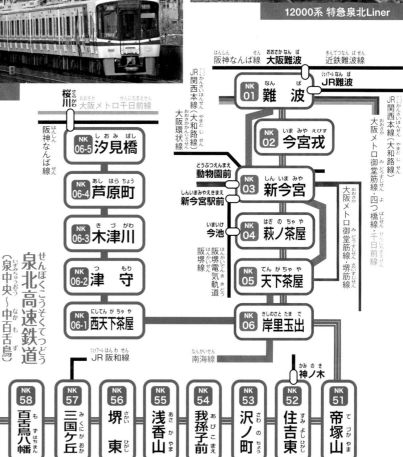
12000系 特急泉北Liner

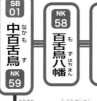
7020系

阪神なんば線 **大阪難波** 近鉄難波線

JR関西本線（大和路線） **JR難波**

NK01 難波

NK06-5 汐見橋

阪神なんば線 / 大阪メトロ千日前線 桜川

NK06-4 芦原町

大阪環状線

NK02 今宮戎

NK06-3 木津川

動物園前

NK03 新今宮
新今宮駅前

大阪メトロ御堂筋線 四つ橋線・千日前線

NK06-2 津守

今池

NK04 萩ノ茶屋

阪堺電気軌道 / 阪堺線

NK06-1 西天下茶屋

NK05 天下茶屋

NK06 岸里玉出

JR阪和線 南海線

神ノ木

SB06 和泉中央
SB05 光明池
SB04 栂・美木多
SB03 泉ケ丘
SB02 深井

泉北高速鉄道（泉中央～中百舌鳥）

NK64 狭山
NK63 北野田
NK62 萩原天神
NK61 初芝
NK60 白鷺
SB01 / NK59 中百舌鳥
NK58 百舌鳥八幡
NK57 三国ケ丘
NK56 堺東
NK55 浅香山
NK54 我孫子前
NK53 沢ノ町
NK52 住吉東
NK51 帝塚山

大阪メトロ御堂筋線

JR阪和線

高野線（極楽橋～汐見橋）

阪堺電気軌道上町線

京阪電氣鐵道

KH 京阪本線 · 中之島線 · 交野線 · 宇治線 · 鴨東線

京阪本線·中之島線·鴨東線猶如一條路線,有「快速特急洛樂」、「特急」、「快速急行」、「急行」、「準急」、「區間急行」與「普通」的列車在中之島線中之島站、京阪本線淀屋橋站與鴨東線出町柳站之間運行。此外,還於出町柳站連結至叡山

電鐵叡山本線。另一方面,連結京阪本線枚方市站與私市站的交野線,以及連結京阪本線中書島站與宇治站的宇治線,兩線皆由「普通」列車在路線區間內往返運行,並未與其他路線串聯。

8000系

KH54 中之島 なかのしま	KH53 渡辺橋 わたなべばし	KH52 大江橋 おおえばし	KH51 なにわ橋 なにわばし			JR野江	関目成育	けいはんほんせん 京阪本線（淀屋橋～三条）						大阪モノレール

なかのしません
中之島線
（中之島～天満橋）

KH01 淀屋橋 よどやばし	KH02 北浜 きたはま	KH03 天満橋 てんまばし	KH04 京橋 きょうばし	KH05 野江 のえ	KH06 関目 せきめ	KH07 森小路 もりしょうじ	KH08 千林 せんばやし	KH09 滝井 たきい	KH10 土居 どい	KH11 守口市 もりぐちし	KH12 西三荘 にしさんそう	KH13 門真市 かどまし

肥後橋

大阪メトロ四つ橋線
大阪メトロ御堂筋線
大阪メトロ堺筋線
大阪メトロ谷町線
大阪メトロ長堀鶴見緑地線
JR片町線（学研都市線）
東西線·大阪環状線
JRおおさか東線
大阪メトロ今里筋線

頂級列車與快速特急「洛樂」

京阪電鐵有推出一款指定席(收費)的頂級列車(Premium Car)。連結8000系或3000系,在京阪本線上運行,有快速特急「洛樂」、特急「Liner」與快速急行3種類型。快速特急只停靠淀屋橋站～京橋站、七條站～出町柳站之間的每一站。頂級列車則是所有座位皆爲可調座椅,插頭與桌子也一應俱全,還有提供行動電源與毛毯的租借。

京阪特急的鴿子標誌。
自創立以來已超過70年。

這家鐵道公司擁有7條路線，連結大阪北區與京都東山區、宇治區及京都市中心與大津區。並未與其他公司的路線串聯，不過京津線與京都市營地下鐵東西線直通運轉（僅京阪的列車串聯）。

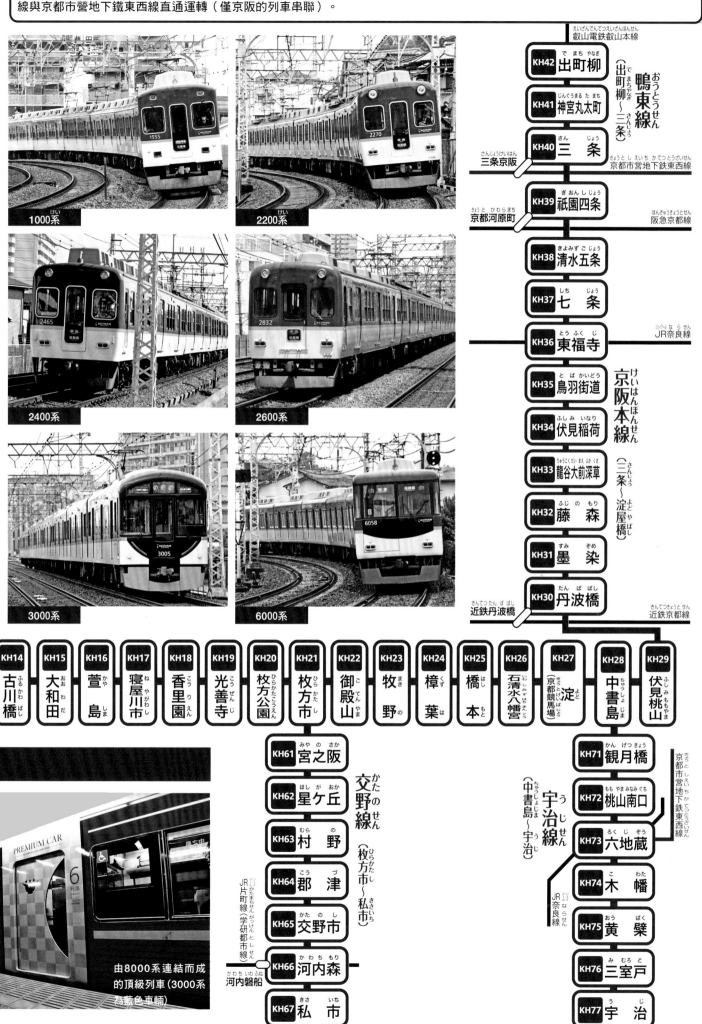

1000系

2200系

2400系

2600系

3000系

6000系

PREMIUM CAR

由8000系連結而成的頂級列車（3000系為藍色車輛）

叡山電鐵叡山本線

KH42 出町柳

KH41 神宮丸太町

KH40 三条
三条京阪
京都市營地下鐵東西線

KH39 祇園四条
京都河原町
阪急京都線

KH38 清水五条

KH37 七条

KH36 東福寺
JR奈良線

KH35 鳥羽街道

KH34 伏見稲荷

KH33 龍谷大前深草

KH32 藤森

KH31 墨染

KH30 丹波橋
近鉄丹波橋
近鉄京都線

鴨東線（出町柳～三条）

京阪本線（三条～淀屋橋）

KH14 古川橋
KH15 大和田
KH16 萱島
KH17 寝屋川市
KH18 香里園
KH19 光善寺
KH20 枚方公園
KH21 枚方市
KH22 御殿山
KH23 牧野
KH24 樟葉
KH25 橋本
KH26 石清水八幡宮
KH27 淀（京都競馬場）
KH28 中書島
KH29 伏見桃山

KH61 宮之阪
KH62 星ケ丘
KH63 村野
KH64 郡津
KH65 交野市
KH66 河内森
河内磐船
JR片町線（学研都市線）
KH67 私市

交野線（枚方市～私市）

KH71 観月橋
KH72 桃山南口
KH73 六地蔵
京都市營地下鐵東西線
KH74 木幡
KH75 黄檗
JR奈良線
KH76 三室戸
KH77 宇治

宇治線（中書島～宇治）

71

京阪電氣鐵道

7000系

7200系

9000系

10000系

13000系

OT 京津線

京津線是御陵站（與京都市營地下鐵東西線的連結站）與琵琶湖濱大津站之間的名稱；石山坂本線則是坂本比叡山口站與石山寺站之間的路線。這兩條路線又統稱為大津線。京津線在御陵站附近是作為「地下鐵」；在京阪山科站與上榮町站之間則是「登山

OT 石山坂本線

鐵道」越過最大坡度61‰的逢坂山；在上榮町站與琵琶湖濱大津站之間則化作「路面電車」，以4節車廂編制的列車行駛於縣道中央——800系電車即具備在這3種條件下運行的功能。

800系

比叡山與琵琶湖，置身「山、水與光之迴廊」的日本最佳交通工具

在比叡山與琵琶湖地區，除了京阪鴨東線・京津線・石山坂本線外，還有叡山電鐵的叡山本線・鞍馬線（參照P.88）、京福電氣鐵道的叡山坡道纜車與空中纜車、比叡山內接駁巴士、坂本坡道纜車、琵琶湖輪船、琵琶湖VALLEY纜車等，可享受多種交通工具的樂趣（該區被稱為「山、水與光之迴廊」）。這個地區有許多「日本第一」的交通工具。位於比叡山的叡山坡道纜車是標高差日本第一（561m）的坡道纜車；坂本坡道纜車是長度日本第一（2,025m）的坡道纜車；琵琶湖VALLEY纜車則是日本最快（秒速12m）的空中纜車。還有琵琶湖輪船運行於日本最大湖泊琵琶湖上，觀光船密西根號的船身後方有個外環，外型十分獨特。

叡山坡道纜車

坂本坡道纜車

琵琶湖VALLEY纜車

密西根號

600系

700系

京津線（御陵～びわ湖浜大津）
けいしんせん　　みささぎ　　　　こはまおおつ

| T08 御陵 | OT31 京阪山科 | OT32 四宮 | OT33 追分 | OT34 大谷 | OT35 上栄町 |

京都市營地下鐵東西線

山科　JR東海道本線(琵琶湖線)・湖西線

膳所（ぜぜ）

- JR湖西線
- OT21 坂本比叡山口（さかもと ひえいざんぐち）
- OT20 松ノ馬場（まつのばんば）
- OT19 穴太（あのお）
- OT18 滋賀里（しがさと）
- OT17 南滋賀（みなみしが）
- 大津京（おおつきょう）／ JR湖西線（こせいせん）
- OT16 近江神宮前（おうみじんぐうまえ）
- OT15 京阪大津京（けいはんおおつきょう）
- OT14 大津市役所前（おおつしやくしょまえ）
- OT13 三井寺（みいでら）
- OT12 びわ湖浜大津（こはまおおつ）
- OT11 島ノ関（しまのせき）
- OT10 石場（いしば）
- OT09 京阪膳所（けいはんぜぜ）
- OT08 錦（にしき）
- OT07 膳所本町（ぜぜほんまち）
- OT06 中ノ庄（なかのしょう）
- OT05 瓦ヶ浜（かわらがはま）
- OT04 粟津（あわづ）
- 石山（いしやま）／ JR東海道本線(琵琶湖線)
- OT03 京阪石山（けいはんいしやま）
- OT02 唐橋前（からはしまえ）
- OT01 石山寺（いしやまでら）

石山坂本線（坂本比叡山口～石山寺）（いしやまさかもとせん／さかもとひえいざんぐち～いしやまでら）

阪急電鐵

HK 京都線 · 千里線 · 嵐山線

京都線是指十三站與京都河原町站之間，京都線的列車是以淡路站為中心，X形運行於大阪梅田站與京都一帶、千里線一帶，以及京都河原町站與千里線一帶、大阪Metro堺筋線一帶。千里線是指連結大阪Metro的天神橋筋六丁目站與千里新城所在的北

千里站的區間，列車的運行方向有3種，分別為通往大阪梅田一帶、大阪Metro直通列車以及通往京都一帶。嵐山線則是連結京都線的桂站與作為觀光地而聞名的嵐山站。定期列車會在嵐山線內往返運行。

7000系「京TRAIN 雅洛」

6300系「京TRAIN」（已於2022年12月停運）

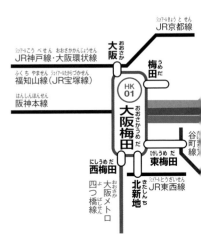

這家鐵道公司在大阪、京都與神戶擁有9條路線，且與大阪Metro堺筋線、能勢電鐵直通運轉。被稱為「阪急栗色」的褐色車體顏色是自開通以來承繼下來的阪急象徵色。在阪急的車站中，廣播都是說「○號線」而非「○番線」。

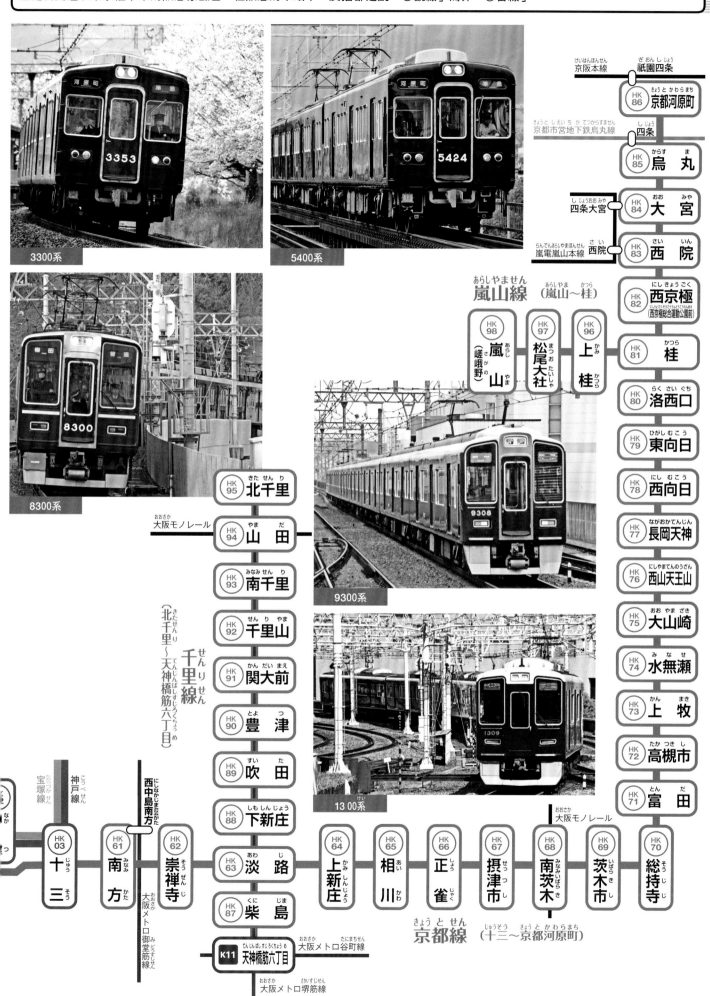

3300系

5400系

8300系

9300系

1300系

阪急電鐵

神戶線是指大阪梅田站與神戶三宮站的區間，卻又直通運轉至神戶高速線的新開地站。

伊丹線是在神戶線塚口站與伊丹站的區間內往返運行。今津線是連結寶塚線寶塚站、神戶線西宮北口站與今津站的路線。甲陽線則是指神戶線夙川站與甲陽園站的區間，是阪急的路線中距離最短的。今津線今津站～西宮北口站之間以及甲陽線都沒有與神戶線等其他路線直通運轉。

9000系

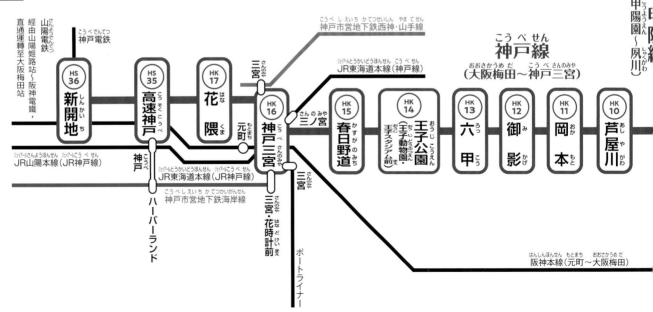

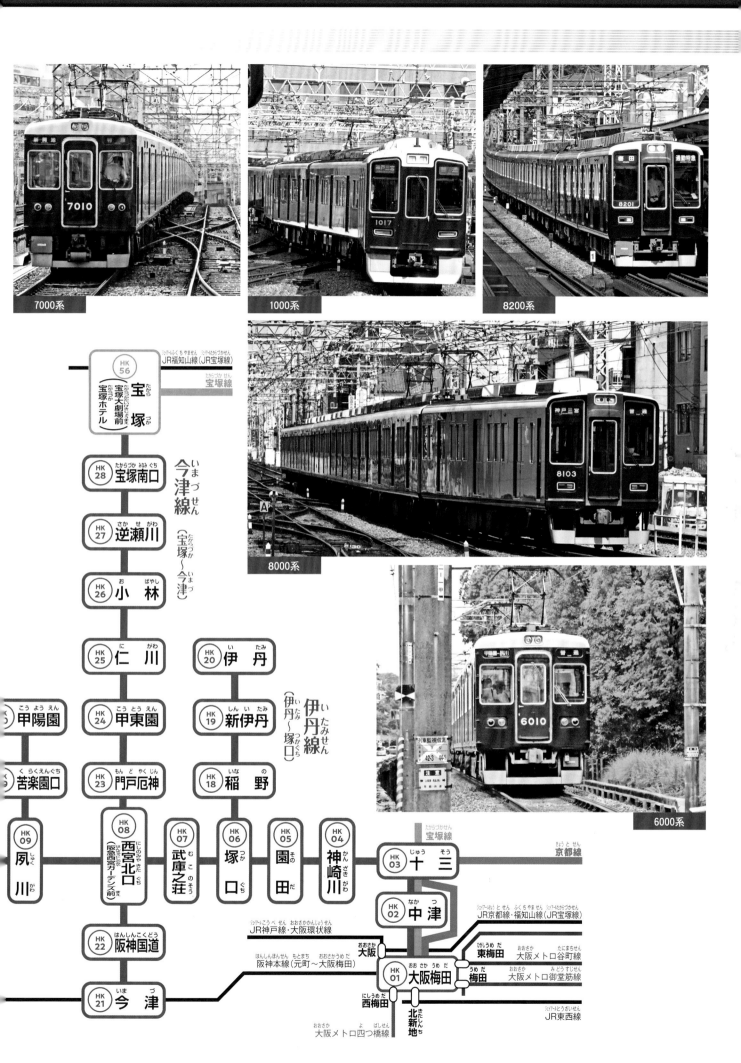

7000系

1000系

8200系

8000系

6000系

宝塚線 JR福知山線（JR宝塚線）

| HK 56 | 宝塚 たからづか （宝塚大劇場前 宝塚ホテル） |

| HK 28 | 宝塚南口 たからづかみなみぐち |

今津線 いまづせん （宝塚〜今津） たからづか いまづ

| HK 27 | 逆瀬川 さかせがわ |

| HK 26 | 小林 おばやし |

| HK 25 | 仁川 にがわ |

| HK 20 | 伊丹 いたみ |

| HK 24 | 甲東園 こうとうえん |

| HK 19 | 新伊丹 しんいたみ |

伊丹線 いたみせん （伊丹〜塚口） いたみ つかぐち

甲陽園 こうようえん

| HK 23 | 門戸厄神 もんどやくじん |

| HK 18 | 稲野 いなの |

苦楽園口 くらくえんぐち

| HK 09 | 夙川 しゅくがわ |

| HK 08 | 西宮北口 にしのみやきたぐち （阪急西宮ガーデンズ前） |

| HK 07 | 武庫之荘 むこのそう |

| HK 06 | 塚口 つかぐち |

| HK 05 | 園田 そのだ |

| HK 04 | 神崎川 かんざきがわ |

宝塚線 たからづかせん

京都線 きょうとせん

| HK 03 | 十三 じゅうそう |

| HK 02 | 中津 なかつ |

JR京都線・福知山線（JR宝塚線）

| HK 22 | 阪神国道 はんしんこくどう |

JR神戸線・大阪環状線 JRこうべせん おおさかかんじょうせん

大阪 おおさか

東梅田 ひがしうめだ

大阪メトロ谷町線 おおさかにまちせん

阪神本線（元町〜大阪梅田） はんしんほんせん もとまち おおさかうめだ

| HK 01 | 大阪梅田 おおさかうめだ |

梅田 うめだ

大阪メトロ御堂筋線 おおさかみどうすじせん

| HK 21 | 今津 いまづ |

西梅田 にしうめだ

北新地 きたしんち

JR東西線 JRとうざいせん

大阪メトロ四つ橋線 おおさかよつばしせん

阪急電鐵

HK 寶塚線

寶塚線是指大阪梅田站與連結JR福知山線的寶塚站之區間,是阪急的路線中最古老的路線。於石橋阪大前站連結至箕面線,於川西能勢口站連結至能勢電鐵。除了「急行」與「普通」外,還有通往大阪梅田站的「準急」與從川西能勢口站出發的「通勤特急」運行於大阪梅田站與寶塚站之間,作為通勤路線的特色鮮明。不過寶塚站附近有寶塚歌劇團的寶塚大劇場,所以也是觀光客眾多的路線。

HK 箕面線

箕面線是與寶塚線同時開通的路線,連結寶塚線的石橋阪大前站與箕面站。

基本上是由4節車廂編制的列車往返運行且各站停車。箕面是作為大阪的城郊住宅區而發展起來的,不過箕面站周邊有箕面大瀑布與溫泉等無數觀光設施,假日也會有很多來享受登山或健行之樂的觀光客搭乘。

1000系

5100系

6000系

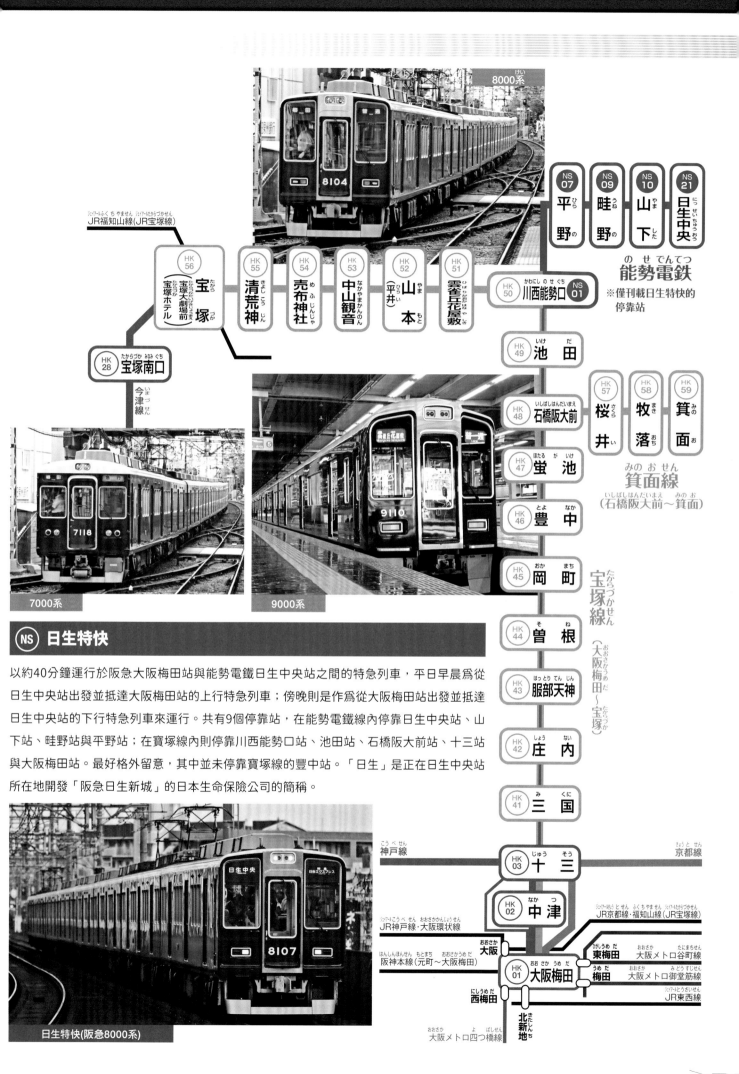

8000系

能勢電鉄
※僅刊載日生特快的停靠站

| NS 07 平野 | NS 09 畦野 | NS 10 山下 | NS 21 日生中央 |

JR福知山線(JR宝塚線)

HK 56 宝塚（宝塚大劇場前／宝塚ホテル）
HK 55 清荒神
HK 54 売布神社
HK 53 中山観音
HK 52 山本（平井）
HK 51 雲雀丘花屋敷
HK 50 川西能勢口 / NS 01
HK 49 池田

HK 28 宝塚南口
今津線

HK 57 桜井
HK 58 牧落
HK 59 箕面
箕面線（石橋阪大前～箕面）

HK 48 石橋阪大前
HK 47 蛍池
HK 46 豊中
HK 45 岡町
HK 44 曽根
HK 43 服部天神
HK 42 庄内
HK 41 三国

宝塚線（大阪梅田～宝塚）

7000系

9000系

NS 日生特快

以約40分鐘運行於阪急大阪梅田站與能勢電鐵日生中央站之間的特急列車，平日早晨爲從日生中央站出發並抵達大阪梅田站的上行特急列車；傍晚則是作爲從大阪梅田站出發並抵達日生中央站的下行特急列車來運行。共有9個停靠站，在能勢電鐵線內停靠日生中央站、山下站、畦野站與平野站；在寶塚線內則停靠川西能勢口站、池田站、石橋阪大前站、十三站與大阪梅田站。最好格外留意，其中並未停靠寶塚線的豐中站。「日生」是正在日生中央站所在地開發「阪急日生新城」的日本生命保險公司的簡稱。

神戸線　京都線

HK 03 十三
HK 02 中津

JR神戸線・大阪環状線
JR京都線・福知山線(JR宝塚線)

大阪
阪神本線(元町～大阪梅田)
HK 01 大阪梅田
東梅田　大阪メトロ谷町線
梅田　大阪メトロ御堂筋線
西梅田
北新地　JR東西線
大阪メトロ四つ橋線

日生特快(阪急8000系)

阪神電鐵

(HS) 本線

阪神本線是指大阪梅田站與元町站的區間，是阪神的4條路線中最早開通的。分別與阪神的其他路線相接：於尼崎站連結至阪神難波線、於武庫川站連結至武庫川線、於元町站連結至神戶高速線。除了只在阪神本線區間內行駛的列車外，還有列車經由神戶高速線與山陽電鐵本線互相直通運轉，並直通阪神難波線。根據運行的區間，將列車類別分別設定爲「直通特急」、「阪神特急」、「區間特急」、「急行」、「區間急行」、「普通」與「快速急行」。

9300系

(HS) 阪神難波線

阪神難波線是指阪神本線尼崎站與大阪難波站的區間。於大阪難波站連結至近鐵奈良線，尼崎站與近鐵奈良站之間有「準急」、「區間準急」與「普通」互相直通運轉。此外，在經由神戶高速線的新開地站與阪神本線，連結至近鐵奈良站的區間，還安排了「快速急行」。阪神難波線與近鐵奈良線的互相直通運轉則連結起神戶、甲子園球場、大阪巨蛋、大阪南區、鶴橋、奈良等的主要設施與觀光地，成了京阪神地區的重要路線。

(HS) 武庫川線

武庫川線是連結阪神本線武庫川站與武庫川團地前站的路線，路線距離爲1.7km，是阪神4條路線中最短的路線。武庫川線專用的列車有二，一種是使用2節車廂編制的5500系以因應單人乘務；另一種則是採用原創顏色的4節車廂編制，因爲離阪神甲子園球場很近而特別命名爲「甲子園號」、「虎號」、「TORACO號」與「托拉奇號」，2種列車在武庫川線內輪流往返通行（每日的通行資訊是公開的，可上阪神電車的官網確認）。

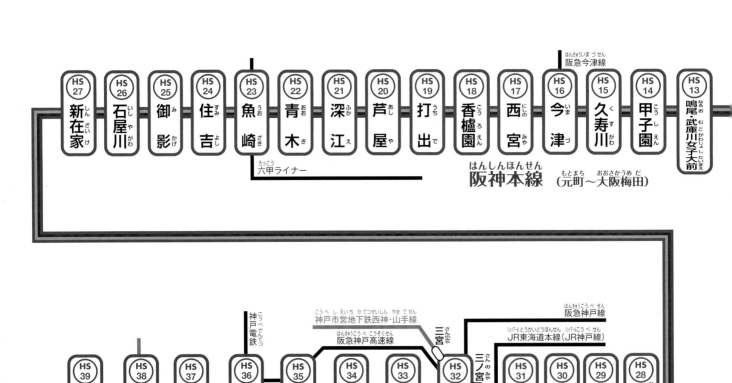

這家鐵道公司在大阪～神戶間擁有4條路線。透過與近鐵及山陽電鐵的互相直通運轉，連結姬路一帶與奈良一帶、大阪的北區與南區。JR神戶線與阪急神戶線並行於大阪～三宮之間，在所需時間與舒適度等運輸服務上相互競爭。

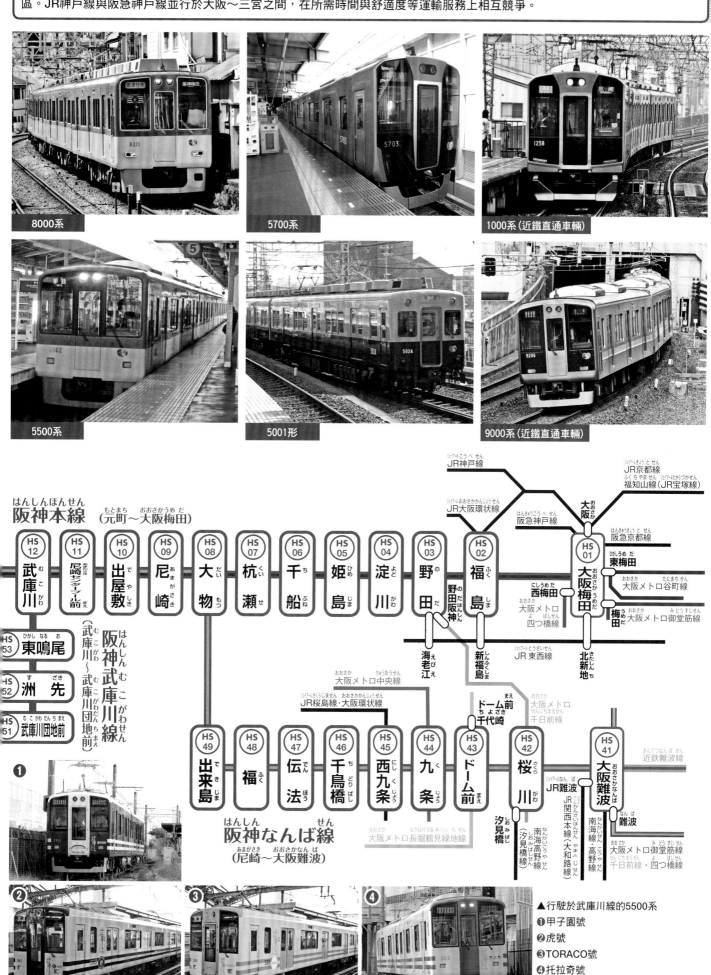

8000系

5700系

1000系 (近鐵直通車輛)

5500系

5001形

9000系 (近鐵直通車輛)

▲ 行駛於武庫川線的5500系
❶甲子園號
❷虎號
❸TORACO號
❹托拉奇號
當然這些車廂塗裝都與職業棒球阪神虎有所關聯。

山陽電氣鐵道

(SY) 本線

本線是指西代站與山陽姬路站的區間。於西代站與高速神戶線串聯，連結至阪急神戶線的阪急神戶三宮站及阪神本線的神戶三宮站。有列車在這區間內與阪神本線互相直通運轉，包括連結山陽姬路站與大阪梅田站的「直通特急」、連結山陽姬路站與神戶三宮站的「山陽S特急」，以及連結須磨浦公園站與大阪梅田站的「阪神特急」。本線內也有「山陽特急」行駛於山陽姬路站與東二見站之間。於飾磨站連結至網干線，於山陽姬路站連結至JR線（新幹線、在來線）。

6000系

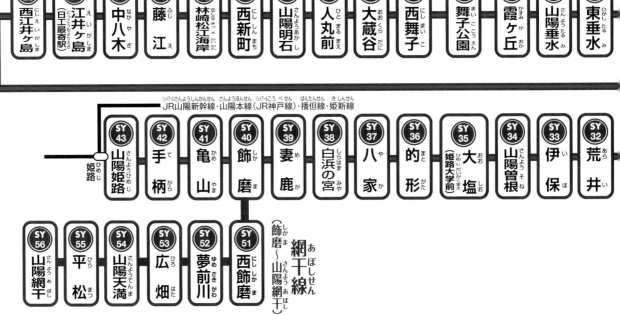

本線 (西代～山陽姬路)

| SY23 西江井ヶ島 | SY22 江井ヶ島（日工最寄駅） | SY21 中八木 | SY20 藤江 | SY19 林崎松江海岸 | SY18 西新町 | SY17 山陽明石 | SY16 人丸前 | SY15 大蔵谷 | SY14 西舞子 | SY13 舞子公園 | SY12 霞ケ丘 | SY11 山陽垂水 | SY10 東垂水 |

JR山陽新幹線・山陽本線（JR神戶線）・播但線・姬新線

| SY43 山陽姬路 | SY42 手柄 | SY41 亀山 | SY40 飾磨 | SY39 妻鹿 | SY38 白浜の宮 | SY37 八家 | SY36 的形 | SY35 大塩（姬路大学前） | SY34 山陽曽根 | SY33 伊保 | SY32 荒井 |

網干線 (飾磨～山陽網干)

| SY56 山陽網干 | SY55 平松 | SY54 山陽天満 | SY53 広畑 | SY52 夢前川 | SY51 西飾磨 |

這家鐵道公司擁有本線與網干線2條路線，又有SEASIDE EXPRESS之稱。從西代站出發，經由神戶高速線連結至阪急神戶線與阪神本線。有特急列車在這區間內與阪神本線互相直通運轉，連結大阪梅田與姬路。

SY 網干線

網干線是連結本線飾磨站與山陽網干站且全線單線的路線。雖然是單線，除了山陽網干站與飾磨站外，網干線內所有車站的構造都是設計成對向式月台，容許列車在所有車站進行交換。網干線上沒有從本線駛入的列車，3節車廂編制的3000系與6000系電車只會在網干線內往返運行。此外，網干線是行經姬路市靠海的住宅區，JR線則以東西向駛過山區，因此山陽網干站與JR網干站南北相距約3km之遠。

3000系

3050系

3100系

5000系

5700系

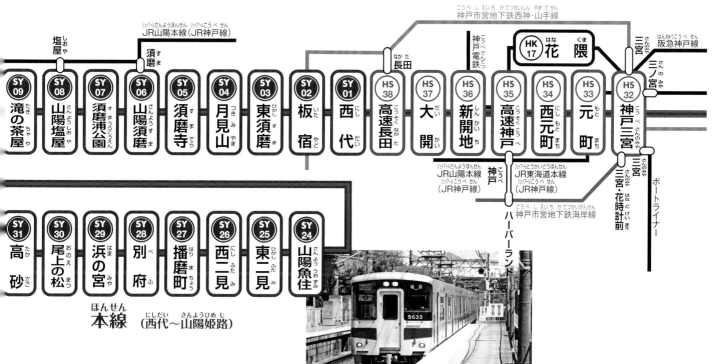
5030系

神戶電鐵

6500系

有馬線是指湊川站～有馬溫泉站、粟生線是指鈴蘭台站～粟生站、三田線是指有馬口站～三田站，公園都市線則是橫山站～木城中央站的區間。粟生站是與JR加古川線·北條鐵道的轉乘站，三田站則成了連結JR福知山線的轉乘站。有馬線·粟生線·三田線在神戶市市中心的起迄站並非湊川站，而是神戶高速線的新開地站。神戶電鐵向神戶高速鐵道租借了湊川站與新開地站區間的軌道。公園都市線的列車與三田線串聯，於木城中央站與三田站之間往返運行。鈴蘭台站附近有個坡度50‰的陡坡，所以神戶電鐵的列車都具備應對陡坡的功能。

6000系

5000系

3000系

2000系

這家鐵道公司擁有4條路線，連結神戶市中心、神戶市北部與三田、三木、小野市。連結至JR福知山線、JR加古川線與神戶市營地下鐵。 這條路線會越過六甲山地，所以坡度達50‰，為「全國登山鐵道‰會」的成員。

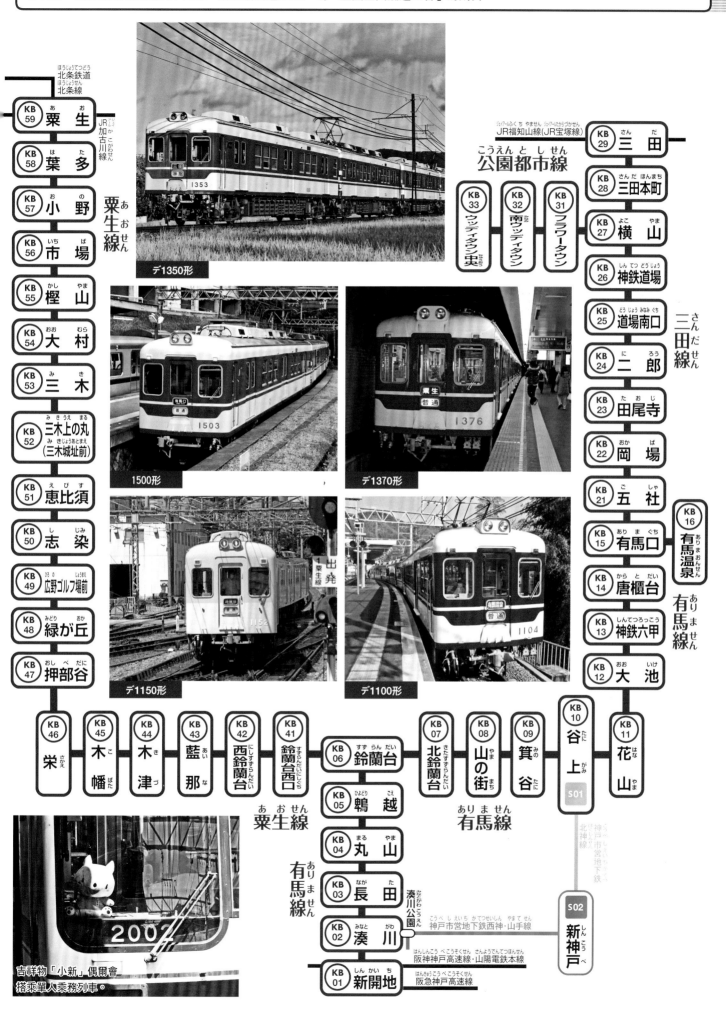

北条鉄道
北条線
JR加古川線

KB59 粟生（あお）
KB58 葉多（はた）
KB57 小野（おの）
KB56 市場（いちば）
KB55 樫山（かしやま）
KB54 大村（おおむら）
KB53 三木（みき）
KB52 三木上の丸（みきうえのまる）（三木城址前）（みきじょうしあとまえ）
KB51 恵比須（えびす）
KB50 志染（しじみ）
KB49 広野ゴルフ場前（ひろのゴルフじょうまえ）
KB48 緑が丘（みどりがおか）
KB47 押部谷（おしべだに）

粟生線（あおせん）

デ1350形

1500形

デ1370形

デ1150形

デ1100形

KB46 栄（さかえ）
KB45 木幡（こばた）
KB44 木津（きづ）
KB43 藍那（あいな）
KB42 西鈴蘭台（にしすずらんだい）
KB41 鈴蘭台西口（すずらんだいにしぐち）
KB06 鈴蘭台（すずらんだい）
KB05 鵯越（ひよどりごえ）
KB04 丸山（まるやま）
KB03 長田（ながた）
KB02 湊川（みなとがわ）
KB01 新開地（しんかいち）

粟生線（あおせん）
有馬線（ありません）
有馬線（ありません）

湊川公園（みなとがわこうえん）

神戸市営地下鉄西神・山手線（こうべしえいちかてつせいしん・やまてせん）

阪神神戸高速線・山陽電鉄本線（はんしんこうべこうそくせん さんようでんてつほんせん）

阪急神戸高速線（はんきゅうこうべこうそくせん）

吉祥物「小新」偶爾會
搭乘單人乘務列車。
2007

JR福知山線（JR宝塚線）（ジェーアールふくちやません（ジェーアールたからづかせん））
公園都市線（こうえんとしせん）

KB29 三田（さんだ）
KB28 三田本町（さんだほんまち）
KB27 横山（よこやま）
KB26 神鉄道場（しんてつどうじょう）
KB25 道場南口（どうじょうみなみぐち）
KB24 二郎（にろう）
KB23 田尾寺（たおじ）
KB22 岡場（おかば）
KB21 五社（ごしゃ）
KB15 有馬口（ありまぐち）
KB14 唐櫃台（からとだい）
KB13 神鉄六甲（しんてつろっこう）
KB12 大池（おおいけ）

KB33 ウッディタウン中央（ウッディタウンちゅうおう）
KB32 南ウッディタウン（みなみウッディタウン）
KB31 フラワータウン

三田線（さんだせん）

KB16 有馬温泉（ありまおんせん）
有馬線（ありません）

KB11 花山（はなやま）
KB10 谷上（たにがみ） S01
KB07 北鈴蘭台（きたすずらんだい）
KB08 山の街（やまのまち）
KB09 箕谷（みのたに）

有馬線（ありません）

神戸市営地下鉄北神線（こうべしえいちかてつほくしんせん）

S02 新神戸（しんこうべ）

85

能勢電鐵

這家鐵道公司擁有連結阪急寶塚線的妙見線與日生線2條鐵道路線，以及連結妙見口站與妙見山的鋼索線及索道線。行駛於妙見線與日生線的列車顏色與阪急一樣，都是「阪急栗色」。

Ⓝ 妙見線・日生線

妙見線是指川西能勢口站與妙見口站的區間，日生線則是山下站與日生中央站的區間。列車時刻表主要是排定於川西能勢口站～妙見口站之間、川西能勢口站～日生中央站之間往返運行（早晚時段都有從平野站起訖的列車），平日的早晨與傍晚則有「特急日生特快」運行（參照P.79）。車輛是由阪急電鐵轉讓且經過改造，不過外觀上並無太大變化，只修改了車體側面的社徽與車體上的路線顏色等重點，以便於識別能勢電鐵的列車。

1700系

5100系

6000系

7200系

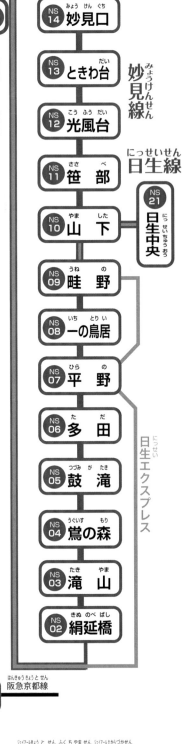

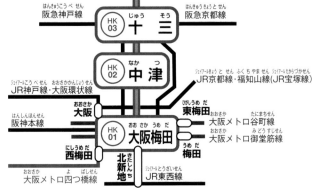

WILLER TRAINS 京都丹後鐵道

這家公司所營運的3條路線皆位於京都府北部的丹後地區。軌道等鐵道設施與車輛則歸一家名為北近畿丹後鐵道的鐵道公司所有。

宮豐線・宮福線・宮舞線

京都丹後鐵道開始營運時，將昔日稱爲宮津線的宮津站～豐岡站之區間改名爲宮豐線，宮津站～西舞鶴站之區間則改稱宮舞線。宮福線與宮津站～天橋立站之間已電氣化，「特急橋立號」即經由JR山陰本線與此線串聯行駛。宮豐線・宮舞線每天都有觀光列車「丹後青松號」（採用特殊規格的車輛）運行，咖啡列車「丹後赤松號」則於週末等時候運行。此外，餐廳列車「丹後黑松號」是作爲旅遊的臨時列車行駛。

KTR8000型「丹後之海」

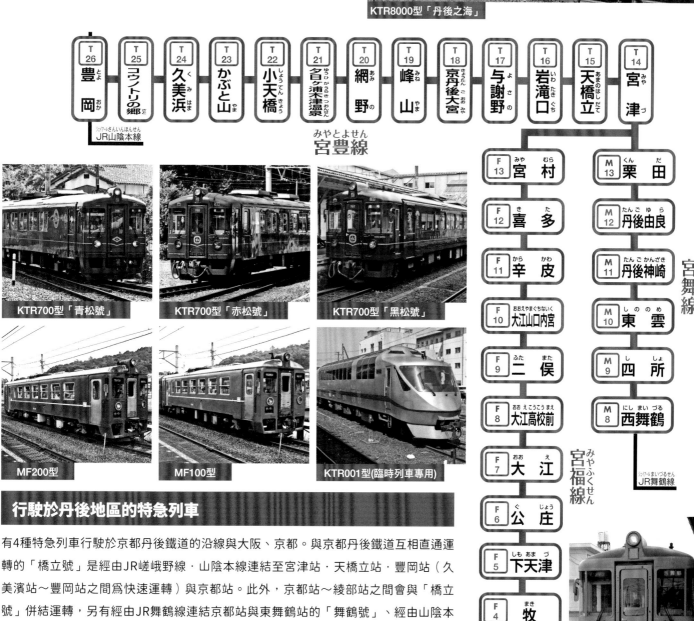

KTR700型「青松號」

KTR700型「赤松號」

KTR700型「黑松號」

MF200型

MF100型

KTR001型（臨時列車專用）

| T 26 豊岡 とよおか | T 25 コウノトリの郷 さと | T 24 久美浜 くみはま | T 23 かぶと山 やま | T 22 小天橋 しょうてんきょう | T 21 夕ケ浦木津溫泉 ゆうがうらきつおんせん | T 20 網野 あみの | T 19 峰山 みねやま | T 18 京丹後大宮 きょうたんごおおみや | T 17 与謝野 よさの | T 16 岩滝口 いわたきぐち | T 15 天橋立 あまのはしだて | T 14 宮津 みやづ |

JR山陰本線

宮豐線 みやとよせん

行駛於丹後地區的特急列車

有4種特急列車行駛於京都丹後鐵道的沿線與大阪、京都。與京都丹後鐵道互相直通運轉的「橋立號」是經由JR嵯峨野線・山陰本線連結至宮津站・天橋立站・豐岡站（久美濱站～豐岡站之間爲快速運轉）與京都站。此外，京都站～綾部站之間會與「橋立號」併結運轉，另有經由JR舞鶴線連結京都站與東舞鶴站的「舞鶴號」、經由山陰本線連結京都站與福知山站・豐岡站・城崎溫泉站的「城崎號」、經由JR京都線・JR神戶線・福知山線連結新大阪站與福知山站・豐岡站・城崎溫泉站的「東方白鸛號」運行。「城崎號」及「東方白鸛號」會與京都丹後鐵道線內的特急「丹後接力號」相接。這些特急列車是使用JR西日本的287系電車與289系電車，不過「橋立號」與「舞鶴號」的部分列車及「丹後接力號」是使用京都丹後鐵道的KTR8000型「丹後之海」。

宮舞線 みやまいせん

| M 13 栗田 くんだ |
| M 12 丹後由良 たんごゆら |
| M 11 丹後神崎 たんごかんざき |
| M 10 東雲 しののめ |
| M 9 四所 ししょ |
| M 8 西舞鶴 にしまいづる |

JR舞鶴線 ジェイアールまいづるせん

宮福線 みやふくせん

| F 13 宮村 みやむら |
| F 12 喜多 きた |
| F 11 辛皮 からかわ |
| F 10 大江山口内宮 おおえやまぐちないく |
| F 9 二俣 ふたまた |
| F 8 大江高校前 おおえこうこうまえ |
| F 7 大江 おおえ |
| F 6 公庄 ぐじょう |
| F 5 下天津 しもあまづ |
| F 4 牧 まき |
| F 3 荒河かしの木台 あらがかしのきだい |
| F 2 福知山市民病院口 ふくちやましみんびょういんぐち |
| F 1 福知山 ふくちやま |

JR山陰本線 ジェイアールさんいんほんせん
JR福知山線（JR宝塚線） ジェイアールふくちやません（ジェイアールたからづかせん）

KTR800型

叡山電鐵

這家鐵道公司擁有2條路線，即成為從京都市中心前往比叡山之參拜路線的叡山本線，以及連結鞍馬寺與貴船神社等鞍馬區的鞍馬線。亦為「全國登山鐵道‰會」的成員。

叡山本線 Eizan Line

叡山本線是連結出町柳站與八瀨比叡山口站，並且全線皆為複線電氣化的路線。於出町柳站連結至京阪鴨東線，於八瀨比叡山口站連結至標高差日本第一（561m）的叡山坡道纜車的纜車八瀨站。叡山本線的列車並未與其他路線直通運轉，而是在出町柳站～八瀨比叡山口站之間往返運行（另有部分列車是以途中的修學院站為起訖站）。此外，有鞍馬線的列車串聯至出町柳站～寶池站之間，叡本山線上則有觀光列車700系的「比叡號」運行。此線改變了700系電車的外觀與內部來展示沿線的比叡山與鞍馬山的印象。在最新的時刻表中，除了週二外，每天都有14～15個班次往返運行（2021年9月排定），是有很高的機率能搭到的觀光列車。行駛車輛有3種類型，除了單節車廂運行的700系外，還有2節車廂編制的800系，以及主要作為鞍馬線的觀光列車來運行的900系「KIRARA」。

鞍馬線 Kurama Line

鞍馬線是連結叡山本線寶池站與鞍馬站的路線。寶池站～二軒茶屋站之間為複線，到了二軒茶屋站～鞍馬站之間則轉為單線。鞍馬線的列車於寶池站連結至叡山本線並直通運轉至出町柳站（早晚時段另有一些列車是以途中的市原站為起訖站）。於市原站與二之瀨站之間，二之瀨站不遠處的鐵橋附近，還有一個名為「紅葉隧道」的名勝。入秋後，林木的紅葉變得鮮豔無比，夜間還會有特別點燈。900系展望列車「KIRARA」的特色在於直達車頂的大窗，且車輛中央的座位皆面向車窗。週間有些時段不運行，不過出町柳站～鞍馬站之間是每日運行，還可搭配「比叡號」來搭乘。二軒茶屋站～鞍馬站之間還有個地方最陡坡度達50‰，是一條可享受如搭乘登山電車般感受的路線。

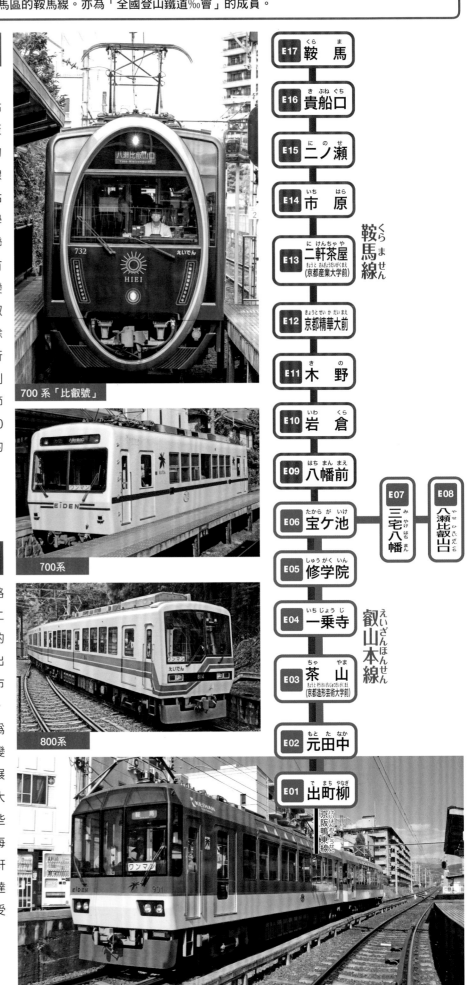

700 系「比叡號」

700系

800系

900 系「KIRARA」

E17 鞍馬（くらま）
E16 貴船口（きぶねぐち）
E15 二ノ瀨（にのせ）
E14 市原（いちはら）
E13 二軒茶屋（にけんちゃや）（京都產業大學前）
E12 京都精華大前（きょうとせいかだいまえ）
E11 木野（きの）
E10 岩倉（いわくら）
E09 八幡前（はちまんまえ）
E06 宝ケ池（たからがいけ）
E07 三宅八幡（みやけはちまん）
E08 八瀨比叡山（やせひえいざん）
E05 修学院（しゅうがくいん）
E04 一乗寺（いちじょうじ）
E03 茶山（ちゃやま）（京都造形芸術大学前）
E02 元田中（もとたなか）
E01 出町柳（でまちやなぎ）
京阪鴨東線（けいはんおうとうせん）

鞍馬線（くらません）
叡山本線（えいざんほんせん）

信樂高原鐵道

這家經營著信樂線的鐵道公司位於滋賀縣甲賀市,該地是以信樂燒(因陶燒狸貓而聞名)與茶的產地為人所知。軌道等鐵道設施與車輛皆歸甲賀市所有。

信樂線

信樂線是連結JR草津線貴生川站與信樂站的路線。目前運行的是信樂高原鐵道,不過以前是作為國鐵信樂線來運行的第三部門鐵道。為全線單線且非電氣化的路線,以柴油車在貴生川站與信樂站之間往返運行。從信樂站通往紫香樂宮跡站的5座車站皆位

於甲賀市信樂區,特色在於站間距離為0.6～2.2km,通往鄰站只需1～3分鐘,但是貴生川站與紫香樂宮跡站相距9.6km,只有這段較長,車程15分鐘。

說到信樂燒就想到狸貓擺飾。
信樂站的月台上亦可見大小陶燒狸貓

近江鉄道水口・蒲生野線
おうみてつどうみなくち がもうのせん

JR草津線
ジェイアールくさつせん

貴生川
きぶかわ

紫香楽宮跡
しがらきぐうし

雲井
くもい

勅旨
ちょくし

玉桂寺前
ぎょくけいじまえ

信楽
しがらき

信楽線
しがらきせん

SKR310型(SHINOBI TRAIN彩繪列車。上頭繪有忍者)

狸貓與忍者

信樂是產茶區,對茶具的需求使製陶業蓬勃發展。因此,自古以來便代代傳承製作意喻吉祥的陶燒狸貓擺飾。此外,甲賀一帶是戰國時期身懷甲賀流忍術的忍者所活躍的地區。據說忍者精通藥理,所以市內仍留有不少製藥公司。

SKR400型

SKR500型

近江鐵道

100型

OR 八日市線（萬葉茜線）

八日市線（萬葉茜線）是連結八日市站與近江八幡站的路線，於近江八幡站連結至JR琵琶湖線。為全線單線且電氣化的路線，由2節車廂編制的電車運行。路線顏色為綠色。除了在八日市線內往返運行的列車外，也有列車從本線串聯。列車類別基本上是各站都會停靠的「普通」，只有平日早上有從近江八幡站出發通往八日市站的「快速」運行。這班列車只停靠途中的武佐站，車程15分鐘。

OR 湖東近江路線

湖東近江路線是本線中高宮站與八日市站區間的暱稱，路線顏色為藍色。除了本線的列車外，還有直通八日市線的列車運行。高宮站～愛知川站之間是近江鐵道中最古老、於明治時期開通的區間。尼子站～愛知川站之間則是與東海道新幹線並列而馳。新幹線為高架鐵路，還設有隔音牆，所以從近江鐵道的車窗看不到新幹線，但只要時間湊巧，有時可從新幹線的車窗邂逅與新幹線並馳的近江鐵道。

OR 水口 · 蒲生野線

本線中八日市站與貴生川站的區間暱稱為水口·蒲生野線，路線顏色為黃色。除了本線的列車外，還於八日市站連結至八日市線，且有直通八日市線的列車運行。於貴生川站連結至JR草津線與信樂高原鐵道線，但是並未互相直通運轉。水口·蒲生野線是連結琵琶湖東側的平原區與甲賀市廣闊的內陸區，所以在日野站～水口站之間會越過山地。因此，日野站～水口松尾站的站間距離長達4.9km。

OR 彥根 · 多賀大社線

彥根·多賀大社線是本線中米原站與高宮站的區間再加上多賀的暱稱，路線顏色為紅色。除了本線的列車外，還有通往多賀線的直通列車運行。位於米原站附近的JR鐵道綜合技術研究所風洞技術中心裡，有展示用於實驗的3節新幹線試作車，搭乘從米原站出發的列車即可在左側看到該技術中心。富士達前站的右側有座高170m的電梯試驗場，穿過彥根站前的佐和山隧道後，彥根城會出現在右側。

這家鐵道公司營運著3條路線，連結琵琶湖東側的主要地區。西武鐵道所轉讓的列車行駛於其上，指定的自行車專用列車則允許乘客將自行車帶上車。所有列車均為單人乘務列車，在車內繳交乘車費。

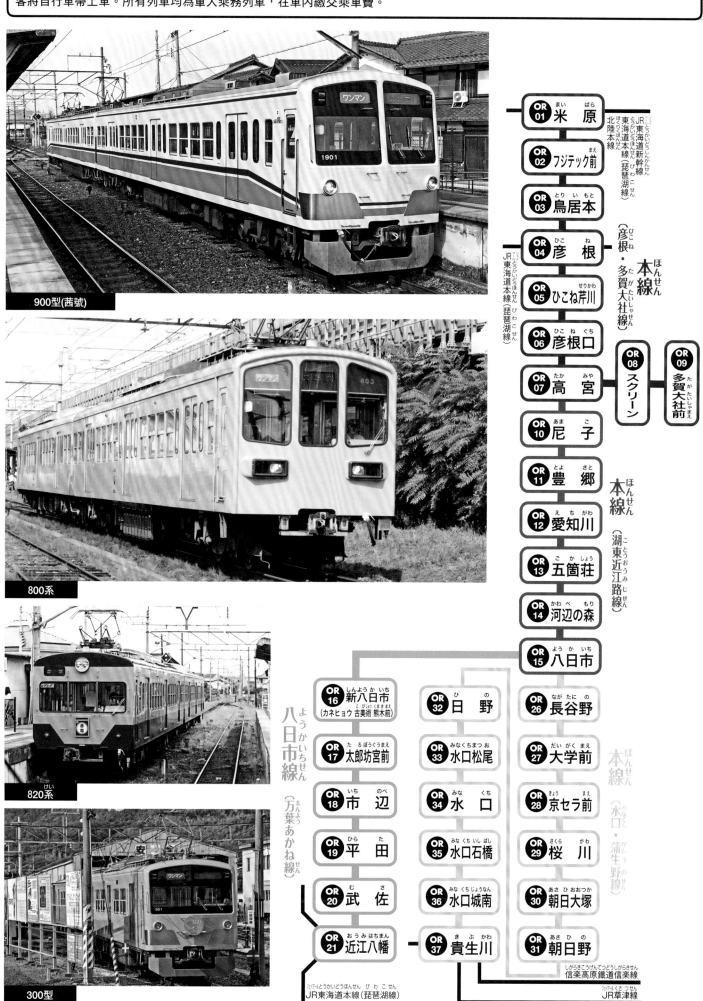

900型(茜號)

800系

820系

300型

伊賀鐵道

原為近鐵伊賀線，於2007年以伊賀鐵道之姿獨立出來。於JR關西本線連結伊賀上野站，以及於伊賀神戶站連結近鐵大阪線。所有列車皆為各站停車。

伊賀線

路線所在的三重縣伊賀市與滋賀縣甲賀市齊名，皆爲以忍者的存在而聞名之地。甲賀市內的信樂高原鐵道上有描繪了忍者的列車奔馳，不過伊賀鐵道也毫不遜色。所有列車都彩繪上忍者，還將伊賀市的主要車站「上野市站」的副站名命名爲「忍者市站」，

且字體標示得比正式站名還要大。整個伊賀市皆致力於推動以「忍者」爲主題的觀光，於是開始有許多外國觀光客來訪，連伊賀鐵道都因外國旅客而熱鬧不已。

上野市站。「忍者市站」之名大而顯眼，「上野市站」則小小地標示其下。

行駛的車輛皆為200系。
還有「貓頭鷹」混進忍者之中！

JR関西本線
伊賀上野
新居
西大手
上野市（忍者市）
広小路
茅町
桑町
四十九
猪田道
市部
依那古
丸山
上林
比土
伊賀神戸
近鉄大阪線

伊賀線

和歌山電鐵　水間鐵道

和歌山電鐵

又稱為「和歌山電鐵貴志川線」。貴志站與伊太祈曾站是由貓咪擔任站長，設計師水戶岡銳治先生所設計的繽紛電車駛於其上。

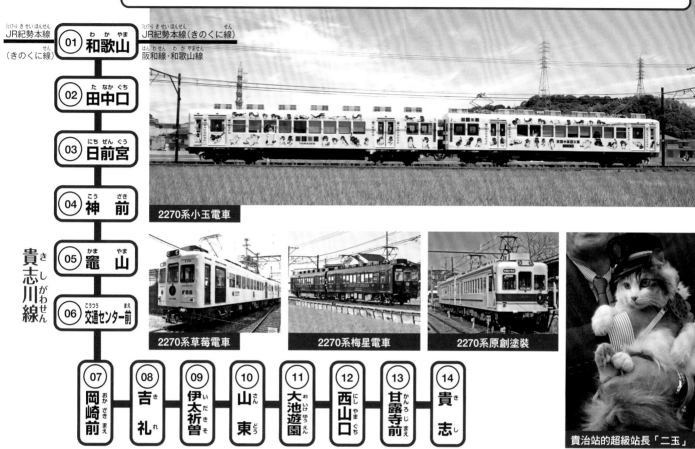

JR紀勢本線
（きのくに線）
ジェイアール きせいほんせん

| 01 | 和歌山 |
わ か やま

JR紀勢本線（きのくに線）
ジェイアール きせいほんせん
阪和線・和歌山線
はんわせん わ か やません

| 02 | 田中口 |
た なか ぐち

| 03 | 日前宮 |
にち ぜん ぐう

| 04 | 神前 |
こう ざき

貴志川線
き し がわ せん

| 05 | 竈山 |
かま やま

| 06 | 交通センター前 |
こうつう まえ

2270系小玉電車

2270系草莓電車

2270系梅星電車

2270系原創塗裝

| 07 | 岡崎前 |
おか ざき まえ

| 08 | 吉礼 |
き れ

| 09 | 伊太祈曾 |
い だき そ

| 10 | 山東 |
さん どう

| 11 | 大池遊園 |
お いけ ゆう えん

| 12 | 西山口 |
にし やま ぐち

| 13 | 甘露寺前 |
かん ろ じ まえ

| 14 | 貴志 |
き し

貴治站的超級站長「二玉」

水間鐵道

水間鐵道原是為了載運水間寺（水間觀音）的參拜者而開通的鐵道，不過現在也用於鐵道沿線的通勤與通學。原為東急7000系的車輛，經過改造後搖身成為1000系，以2節車廂編制行駛。

貝塚
かい づか

南海電鉄南海本線
なんかいでんてつなんかいほんせん

貝塚市役所前
かいづか しやくしょまえ

近義の里
こ ぎ さと

石才
いし ざい

清児
せ ちご

名越
な ごせ

森
もり

水間線
みず ま せん

三ツ松
みつ まつ

三ヶ山口
みけ やまぐち

水間觀音
みず ま かん のん

1000系貫通型

1000系非貫通型

阪堺電氣軌道

MO351型

上町線

上町線是指天王寺站前站與住吉站的區間，不過從住吉站與阪堺線串聯並直通運轉至濱寺站前站。在天王寺站前站旁可從車窗看到截至2022年為止日本第一高的辦公大樓「阿倍野HARUKAS」。天王寺站前站與阿倍野站之間會與大阪Metro谷町線並列而行，不過明治時期也曾與行駛於谷町筋的大阪市電直通運轉。天王寺站前站與松蟲站之間至今仍有一段行駛於谷町筋上的併用區間，便是當時遺留下來的。

MO701型

阪堺線

阪堺線是指惠美須町站～濱寺站前站的區間，不過運行區間又分為大阪市內（惠美須町站～我孫子道站）與堺市內（我孫子道站～濱寺站前站）。大阪市內的區間是在惠美須町站～我孫子道站之間往返運行。行駛於堺市內區間的列車則是於我孫子道站直通運轉至天王寺站前站一帶（上町線）。如要搭乘大阪市內的區間與堺市內的區間，可在住吉站或我孫子道站換車（轉乘）。支付車費時，須先在轉乘售票機取得轉乘券方能轉乘。

諏訪ノ森 すわのもり

南海線 なんかいせん

| HN 31 浜寺駅前 はまでらえきまえ | HN 29 船尾 ふなお | HN 28 石津 いしづ | HN 27 石津北 いしづきた | HN 26 東湊 ひがしみなと | HN 25 御陵前 ごりょうまえ | HN 24 寺地町 てらぢちょう | HN 23 宿院 しゅくいん | HN 22 大小路 おおしょうじ | HN 21 花田口 はなたぐち |

浜寺公園 はまでらこうえん

MO501型

連結大阪市南部與堺市市中心的路面電車，又稱為「阪堺電車」。車體側面繪有廣告的列車不計其數是其特色。連結各個觀光設施，天王寺站前站離「阿倍野HARUKAS」最近；惠美須町站位於「通天閣」附近；住吉鳥居前站則是離「住吉大社」最近的車站。

堺 TRAM

1001型

堺TRAM是南海電鐵與堺市於2013年導入的1000型之暱稱，為3節車廂編制的超低底盤車輛（無階梯車輛）。稱呼及車體顏色的設定皆與堺市有所關連。1001號車的稱呼為「茶ちゃ（chacha）」，車身為褐色；1002號車稱為「紫おん（sion）」，車身為紫色；1003號車稱作「青らん（seiran）」，車身為藍色。運行於天王寺站前站與濱寺站前站的區間（早晚時段也有以我孫子道站為起訖站的列車運行），即時的運行狀況皆公開於SNS（Twitter）上。堺TRAM也有無障礙化與國際化措施，比如將上下車口的站台與車輛間的高低差縮小至約5cm、以英語進行車內廣播等，車內還會提供堺市的觀光資訊。

MO601型

1101型

京福電氣鐵道（嵐電）

MOBO21型

Ⓐ 嵐山本線

嵐山本線是連結京都市市中心的四條大宮站與嵐山站的路線。全線複線，西大路三條站～山之內站之間、嵐電天神川站～蠶之社站之間，以及太秦廣隆寺站附近都有行駛於道路上的併用區間。基本上是由單節車廂的電車在四條大宮站與嵐山站之間往返運行，不過平日早上會有2節車廂編制的列車行駛。西院站有座車輛基地，所以23點與24點會有從嵐山站出發並抵達西院的列車運行，5點與6點則有從西院站出發並通往北野白梅町的北野線直通列車運行。

Ⓑ 北野線

北野線是指北野白梅町站與帷子之辻站之間的路線，路線距離為3.8km，車程11分鐘。無併用區間，全線皆為專用軌道，除了鳴瀧站～常盤站之間的複線區間之外，皆為單線。基本上是在北野白梅町站～帷子之辻站之間往返運行，不過早上會有約2班列車從嵐山本線西院站出發並抵達北野白梅町站。宇多野站與鳴瀧站之間的北野線沿路有成排的櫻花樹。猶如穿越櫻花隧道般的列車馳騁風景名聞遐邇，花開時期會有大批人潮來訪拍照。

MOBO301型

MOBO101型

這家鐵道公司在京都市的洛西地區擁有2條路面電車的路線，被統稱為「嵐電」。連結至阪急京都線與京都市營地下鐵東西線。沿線有嵐山、登錄為世界遺產的寺社，以及電影製片廠的太秦等景點。

MOBO 501型

MOBO 611型

MOBO 621型

MOBO 631型

MOBO 2001型

きたのせん
北野線

| B3 鳴滝 なるたき | B4 宇多野 うたの | B5 御室仁和寺 おむろにんなじ | B6 妙心寺 みょうしんじ | B7 龍安寺 りょうあんじ | B8 等持院・立命館大学 衣笠キャンパス前 とうじいん りつめいかんだいがく きぬがさ まえ | B9 北野白梅町 きたのはくばいちょう |

B2 常盤 ときわ

JR山陰本線（嵯峨野線）
ジェイアールさんいんほんせん さがのせん

B1 撮影所前 さつえいじょまえ
太秦 うずまさ

嵯峨嵐山 さがあらしやま

| A13 嵐山 あらしやま | A12 嵐電嵯峨 らんでんさが | A11 鹿王院 ろくおういん | A10 車折神社 くるまざきじんじゃ | A9 有栖川 ありすがわ | A8 帷子ノ辻 かたびらのつじ | A7 太秦広隆寺 うずまさこうりゅうじ | A6 蚕ノ社 かいこのやしろ | A5 嵐電天神川 らんでんてんじんがわ | A4 山ノ内 やまのうち | A3 西大路三条 にしおおじさんじょう | A2 西院 さい | A1 四条大宮 しじょうおおみや |

嵯峨野観光鉄道 さがのかんこうてつどう
嵯峨野観光線 さがのかんこうせん
トロッコ嵯峨 さが

あらしやまほんせん
嵐山本線

太秦天神川 うずまさてんじんがわ
京都市営地下鉄東西線 きょうとしえいちかてつとうざいせん

阪急京都線 はんきゅうきょうとせん
西院 さいいん

大宮 おおみや

大阪單軌電車

這家單軌電車公司擁有2條路線，連結大阪機場（伊丹機場）與大阪的郊外都市或住宅區。屬於車體跨在軌道上奔馳的跨坐式單軌電車。

大阪單軌電車線・國際文化公園都市單軌電車線（彩都線）

本線連結著大阪機場站與門眞市站。沿著連結大阪外側區域的道路（中國自動車道・近畿自動車道・大阪中央環狀線）而建，主要以大阪機場站與門眞市站為起訖站來運行。彩都線是行駛於名為「國際文化公園都市」的新市街，因此其正式的路線名稱為「國際文化公園都市單軌電車線」。於萬博紀念公園站與彩都西站之間往返運行，不過平日早晚時段會與本線的千里中央站直通

運轉，唯獨平日早上有與大阪機場站直通運轉。於千里中央站連結至北大阪急行線；於螢池站・山田站・南茨木站連結至阪急線；於大日站連結至大阪Metro谷町線；於門眞市站連結至京阪本線。於攝津站～南攝津站之間，可從車窗看到東海道新幹線的鳥飼車輛基地。

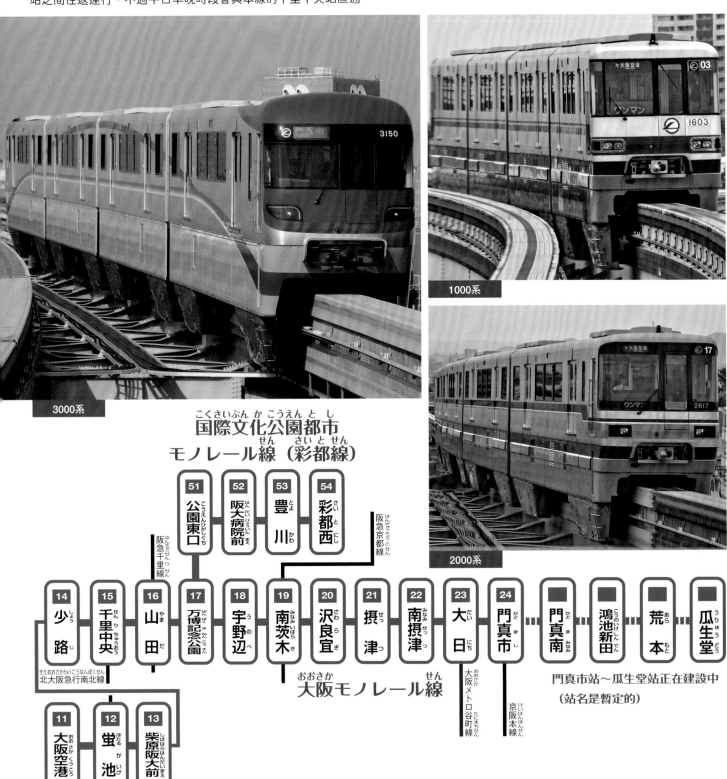

3000系

1000系

2000系

国際文化公園都市
モノレール線（彩都線）

| 51 公園東口 | 52 阪大病院前 | 53 豊川 | 54 彩都西 |

14 少路
15 千里中央
16 山田
17 万博記念公園
18 宇野辺
19 南茨木
20 沢良宜
21 摂津
22 南摂津
23 大日
24 門眞市
門眞南
鴻池新田
荒本
瓜生堂

大阪モノレール線

門眞市站～瓜生堂站正在建設中
（站名是暫定的）

11 大阪空港
12 蛍池
13 柴原阪大前

阪急千里線
阪急京都線
北大阪急行南北線
阪急宝塚線
大阪Metro谷町線
京阪本線

新電車（大阪Metro南港港城線）

此為自動導軌運輸系統（AGT）的路線，連結大阪Metro中央線的宇宙廣場站與大阪Metro四橋線的住之江公園站。南港區的通勤與通學者、在INTEX大阪舉辦活動時的參加者以及渡輪的乘客也會搭乘此線。

於宇宙大樓前奔馳的200系

ニュートラム（南港ポートタウン線）

		中央線
P09	コスモスクエア	
P10	トレードセンター前	
P11	中ふ頭	
P12	ポートタウン西	
P13	ポートタウン東	
P14	フェリーターミナル	
P15	南港東	
P16	南港口	
P17	平林	
P18	住之江公園	
		四つ橋線

新電車是在宇宙廣場站與住之江公園站之間往返運行，不過也有列車以中埠頭站爲起訖站，經常進出與中埠頭站相鄰的南港檢車廠。截至2022年爲止共有21輛4節車廂編制的列車，所有車廂皆以花卉、植物與動物等爲意象作爲車體的顏色。車體正面的車頭燈四周是黑色的，使車頭燈猶如「眼睛」、聯結器狀似「嘴巴」，看起來就像一張臉。

200系

2017年3月於南港檢車廠舉辦的「新電車200系彩虹攝影大會」中，一共7色的200系車輛齊聚一堂

神戶新交通

六甲Liner（六甲人工島線）

此路線連結JR神戶線的住吉站與六甲人工島的海濱公園站。於途中的魚崎站連結至阪神本線。作為六甲人工島居民的生活路線，除了通勤與通學外，參加活動或前往海濱公園觀光時也會搭乘。島內的島北口站～海濱公園站之間為單線，不過到了六甲大橋會分成上下線，分別行駛於橋的兩側，從車窗可展望神戶港的景色。車輛是於2018年導入的3000型，自開通之初行駛至今的1000型則預計於2023年汰換。

1000型

R01 住吉	JR東海道本線（JR神戶線）
R02 魚崎	阪神本線
R03 南魚崎（酒蔵の道）	
R04 アイランド北口（小磯記念美術館）	
R05 アイランドセンター（ファッションマート前）	
R06 マリンパーク（神戸国際大学前）	

六甲ライナー（六甲アイランド線）

3000型

這家公司營運著採用自動導軌運輸系統（AGT）的六甲Liner與港灣Liner，連結於神戶市海上填海造陸所形成的「六甲人工島」、「港灣人工島」與市中心。港灣Liner是世界上第一條透過AGT來進行無人運行的路線。

🚈 港灣Liner（港灣人工島線）

港灣人工島線被暱稱爲港灣Liner，是連結JR神戶線三之宮站、港灣人工島與神戶機場的路線。配合1981年所舉辦的Portopia '81而開通，並於2006年神戶機場啟用時延伸了路線。於三宮站～神戶機場站之間往返運行，還有環狀運轉，先繞行三宮站與港灣人工島內的支線再返回三宮站，並於三宮站導往「北埠頭」的方向。車輛有6節車廂編制的2000型與改良的2020型。

三ノ宮
さんのみや
三宮

神戸市営地下鉄
西神・山手線
さいじん・やまてせん

三宮・花時計前
さんのみや・はなどけいまえ

神戸市営地下鉄海岸線
こうべしえいちかつかいがんせん

ポートライナー
（ポートアイランド線）
せん

JR東海道本線（JR神戸線）
ジェイアールとうかいどうほんせん　ジェイアールこうべせん

阪急神戸線
はんきゅうこうべせん

神戸三宮
こうべさんのみや

阪神本線
はんしんほんせん

P01	三宮 さんのみや
P02	貿易センター ぼうえき
P03	ポートターミナル
P04	中公園 なかこうえん	PL09	北埠頭 きたふとう
P05	みなとじま（キャンパス前）まえ	PL08	中埠頭（ジーベックホール前）なかふとう
P06	市民広場（コンベンションセンター）しみんひろば	PL07	南公園（IKEA・こども病院前）みなみこうえん りょういんまえ
P07	医療センター（市民病院前）いりょう しみんびょういんまえ
P08	計算科学センター（神戸どうぶつ王国・「富岳」前）けいさんかがく こうべ おうこく ふがく まえ
P09	神戸空港 こうべくうこう

2000型

2020型

嵯峨野觀光鐵道

嵯峨野觀光鐵道是接管自己不再使用的JR山陰本線的軌道，並於1991年4月以觀光鐵道之姿開通。

嵯峨野觀光線

嵯峨野觀光線只有此1條路線，有觀光小火車運行。從鄰接JR山陰本線（嵯峨野線）的嵯峨嵐山站而建的小火車嵯峨站，通往鄰接馬堀站的小火車龜岡站，花約23分鐘沿著保津川行駛7.3km。搭配保津川遊船行程來遊樂的人也不在少數，紅葉季節則會有大批觀光客來訪。牽引觀光小火車的是JR西日本所轉讓的DE10型柴油機車，並牽引同樣是JR轉讓的TOKI25000型，即以貨車改造而成的觀光小火車。

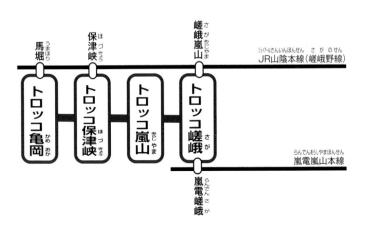

牽引觀光小火車的DE10型柴油機車（上），以及離小火車龜岡站最近的車輛（下）。通往小火車龜岡的列車是以此車輛作為車頭，不過這節車廂中也有設置駕駛座，可以透過遠距操作來控制（駕駛）DE10型柴油機車。

京都鐵道博物館

京都鐵道博物館的正門口

JR西日本於2016年4月29日開設了「京都鐵道博物館」。目標在於打造一個任何人都可以透過「觀看、觸摸與體驗」來樂在其中的「學習場所」。除了展示昔日行駛的鐵道車輛外，還可透過駕駛模擬器與大型立體透視模型，來學習自動列車控制的機制。此外，部分腹地接管了梅小路機關區的設施，可以實際觀看蒸汽機關車進出車庫，或體驗搭乘迷你SL列車。

本館1樓

由左至右分別為新幹線500系521型1號車、KUHANE581型35號車與KUHA489型1號車

散步道

KUHA 86型1號車（左）與新幹線0系21型1號車（右）

本館1樓

230型蒸汽機關車233號機。1樓一共展示著12輛列車

本館2樓

位於本館2樓的駕駛模擬區。可在本館2樓學習鐵道運行的機制等

本館2樓

透過本館2樓的巨大立體透視模型，可穿插影像來學習與鐵道相關的各種工作與構造等

SL蒸氣號

牽引「SL蒸氣號」的蒸汽機關車有4種類型，分別為C56型160號機・C61型2號機・C62型2號機・8620型8630號機。這張照片中的是8620型8630號機

在京都鐵道博物館中可以搭乘由眞正蒸汽機關車牽引的客車。可透過「SL蒸氣號」細細感受來回奔馳1km的蒸汽機關車之旅。

如要搭乘，除了入場費外還須另繳乘車費，大人、高中生、大學生爲300日圓；國中小生、幼童（3歲以上）爲100日圓。

博物館腹地內保有舊梅小路機關區的設施。收納著各式各樣的蒸汽機關車

地　　址：京都府京都市下京區觀喜寺町
最近車站：從JR山陰本線（嵯峨野線）梅小路京都西站徒步約2分鐘
開館時間：10:00～17:00（入館至16:30）
入館費用：大人1,200日圓，高中、大學生1,000日圓，國中小生500日圓，幼童（3歲以上）200日圓
休 館 日：每週三與新年期間（12月30日～1月1日）等
　　　　　※遇國定假日、春假與暑假等則照常開館

難讀站名 小測驗 ①

下方的漢字站名
平假名要怎麼唸呢？

請從 P.104～111 的路線圖
與地圖中找出答案。

※1：北大阪急行線千里中央站～箕面萱野站，預計於2023年末開通
※2：隨著奈良站～郡山站的高架化，JR關西本線（大和路線）預計於2024年在這個區間開通新的車站
※3：JR浪速筋預計於2031年開通

粟生
英賀保
安栖里
朝来
餘部
櫟本
太秦
有年
畝傍
黄檗
帯解
笠田
衣摺加美北
京終
国英
郡家
木幡
坂越
鴫野
信太山
周参見
膳所
富木

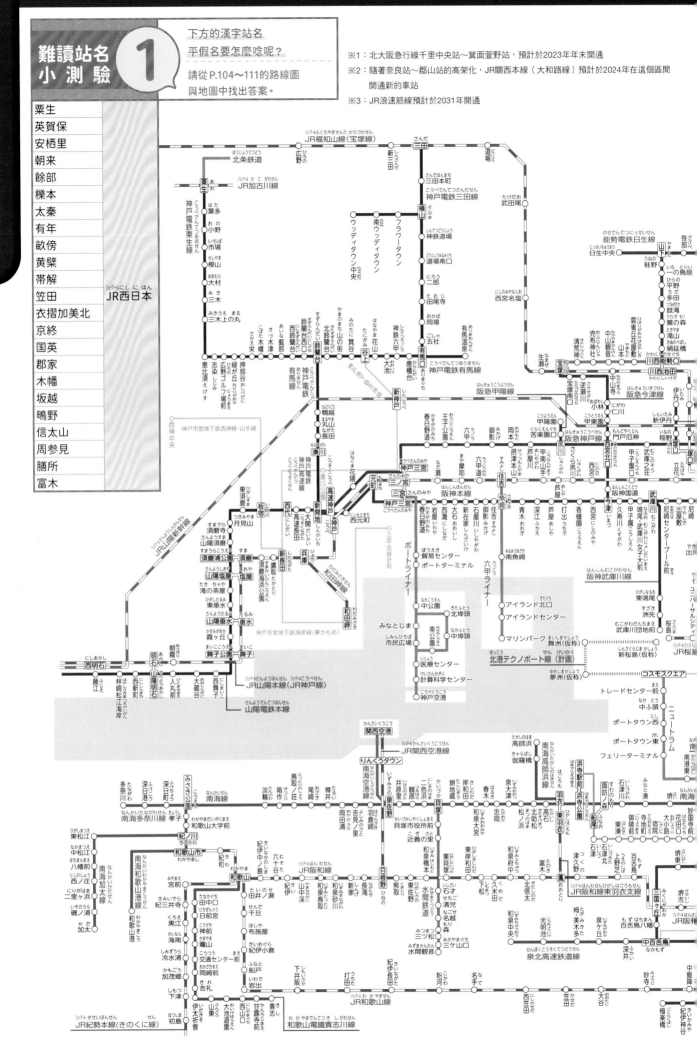

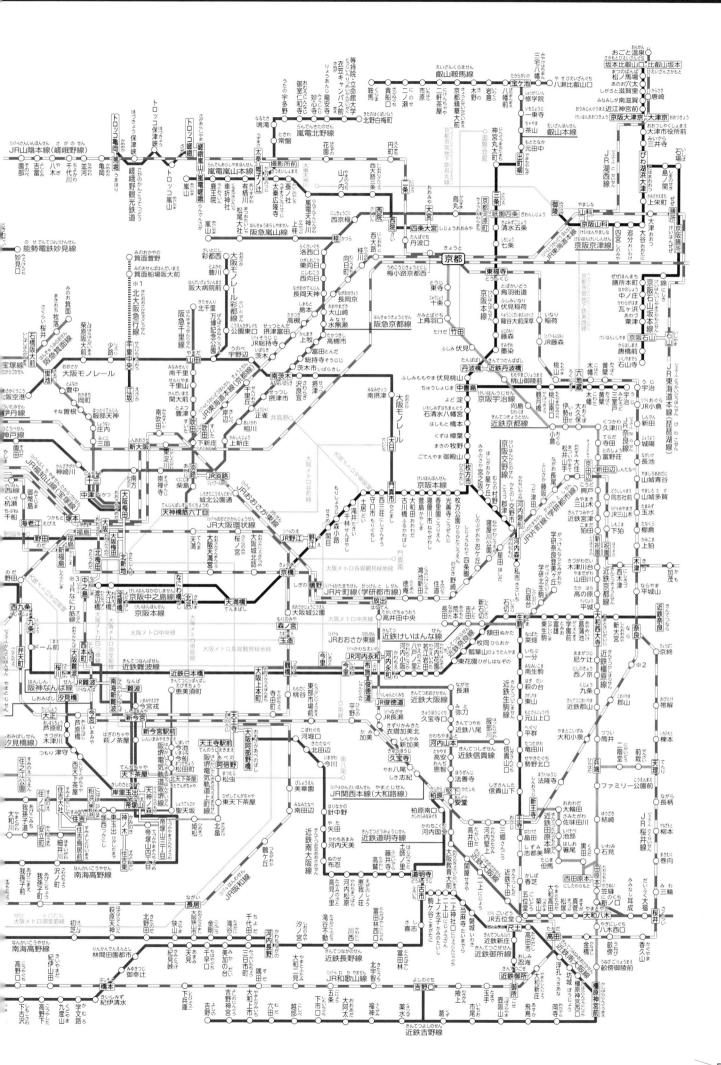

神戸市營地下鐵西神・山手線(西神中央～新神戸)
神戸市營地下鐵北神線(新神戸～谷上)
神戸市營地下鐵海岸線(新長田～三宮・花時計前)
北大阪急行南北線(千里中央～江坂)
大阪Metro御堂筋線(江坂～中百舌鳥)
大阪Metro谷町線(大日～八尾南)
大阪Metro四橋線(西梅田～住之江公園)
大阪Metro中央線(宇宙廣場～長田)
大阪Metro千日前線(野田阪神～南巽)

大阪Metro堺筋線(天神橋筋六丁目～天下茶屋)
大阪Metro長堀鶴見緑地線(大正～門真南)
大阪 Metro 今里筋線 (井高野～今里)
京都市營地下鐵烏丸線（國際會館～竹田）
京都市營地下鐵東西線（太秦天神川～六地藏）
JR 東海道・山陽新幹線
JR 轉乘路線
私鐵與轉乘路線

梅田 おおか 大阪

難讀站名 小 測 驗 ②

下方的漢字站名
平假名要怎麼唸呢？

請從 P.104～111的路線圖
與地圖中找出答案。

中飯降		関目成育	おおさか 大阪メトロ	額田	
平城山		野江内代		布忍	
放出		沢良宜	おおさか 大阪モノレール	土師ノ里	きんき にっぽんてつどう 近畿日本鉄道
芳養		烏丸御池		枚岡	
日生	ジェイアールにしにほん JR西日本	蹴上	きょうと しえいちかてつ 京都市営地下鉄	弥刀	
祝園		椥辻		耳成	
御幣島		御陵		穴太	
六十谷		栗田	きょうと たんご ごてつどう 京都丹後鉄道	私市	けいはんでんてつ 京阪電鉄
用瀬		恵我ノ荘		郡津	
養父		大三		木幡	
八鹿		漕代	きんき にっぽんてつどう 近畿日本鉄道	正雀	はんきゅうでんてつ 阪急電鉄
愛知川	おうみてつどう 近江鉄道	河堀口		西院	けいふくでんてつ らんでん 京福電鉄 (嵐電)
喜連瓜破	おおさか 大阪メトロ	二上山		名谷	こうべ しえいちかてつ 神戸市営地下鉄

大阪地區

JR東海道新幹線
ジェイアールとうかいどうしんかんせん
JR福知山線(JR宝塚線)
ジェイアールふくちやません ジェイアールたからづかせん
阪急神戸線
はんきゅうこうべせん
JR東海道本線(JR神戸線)
ジェイアールとうかいどうほんせん ジェイアールこうべせん

野田 のだ
海老江 えびえ
野田 のだ
野田 のだ 玉 たま

JR大阪環状線

神戸地區

神戸電鉄粟生線 こうべでんてつあおせん
神戸電鉄有馬線 こうべでんてつありません
鈴蘭台 すずらんだい
谷上 たにがみ
新神戸 しんこうべ

JR 山陽新幹線 ジェイアールさんようしんかんせん

神戸三宮 こうべさんのみや
阪急神戸線 はんきゅうこうべせん
三宮 さんのみや
三宮・花時計前 さんのみやはなどけいまえ
元町 もとまち
三ノ宮 さんのみや
神戸三宮 こうべさんのみや
阪神本線 はんしんほんせん

西神中央 せいしんちゅうおう
西神南 せいしんみなみ
伊川谷 いかわだに
学園都市 がくえんとし
総合運動公園 そうごううんどうこうえん
名谷 みょうだに

神戸電鉄有馬線 こうべでんてつありません
湊川 みなとがわ
湊川公園 みなとがわこうえん
神戸高速線 こうべこうそくせん
阪神神戸高速線 はんしんこうべこうそくせん
神戸高速 こうべこうそく

県庁前 けんちょうまえ
旧居留地・大丸前 きゅうきょりゅうち・だいまるまえ
みなと元町 もとまち
ポートライナー

神戸市営地下鉄西神・山手線 こうべしえいちかてつせいしんやまてせん

妙法寺 みょうほうじ
上沢 かみさわ
板宿 いたやど
西代 にしだい
高速長田 こうそくながた
長田 ながた
新長田 しんながた

山陽電鉄本線 さんようでんてつほんせん
阪神神戸高速線 はんしんこうべこうそくせん
神戸高速線 こうべこうそくせん

ハーバーランド

JR山陽本線(JR神戸線) ジェイアールさんようほんせん ジェイアールこうべせん
兵庫 ひょうご
神戸 こうべ

駒ケ林 こまがばやし
苅藻 かるも
御崎公園 みさきこうえん
(和田線) わだみせん
和田岬 わだみさき
和田岬 わだみさき
中央市場前 ちゅうおうしじょうまえ

神戸市営地下鉄海岸線 こうべしえいちかてつうみかんせん

コスモスクエア
大阪港 おおさかこう
朝潮橋 あさしおばし
弁天町 べんてんちょう
九条
阪神なんば線 はんしんなんばせん

ニュートラム(大阪メトロ南港ポートタウン線)

トレードセンター前
中ふ頭 なかとう
ポートタウン西 にし
ポートタウン東 ひがし
フェリーターミナル
南港東 なんこうひがし
南港口 なんこうぐち
平林 ひらばやし
住之江公園 すみのえこうえん
大阪

南海高野線 なんかいこうやせん
中百舌鳥 なかもず
新金岡 しんかなおか
北花田 きたはなだ
泉北高速鉄道線 せんぼくこうそくてつどうせん

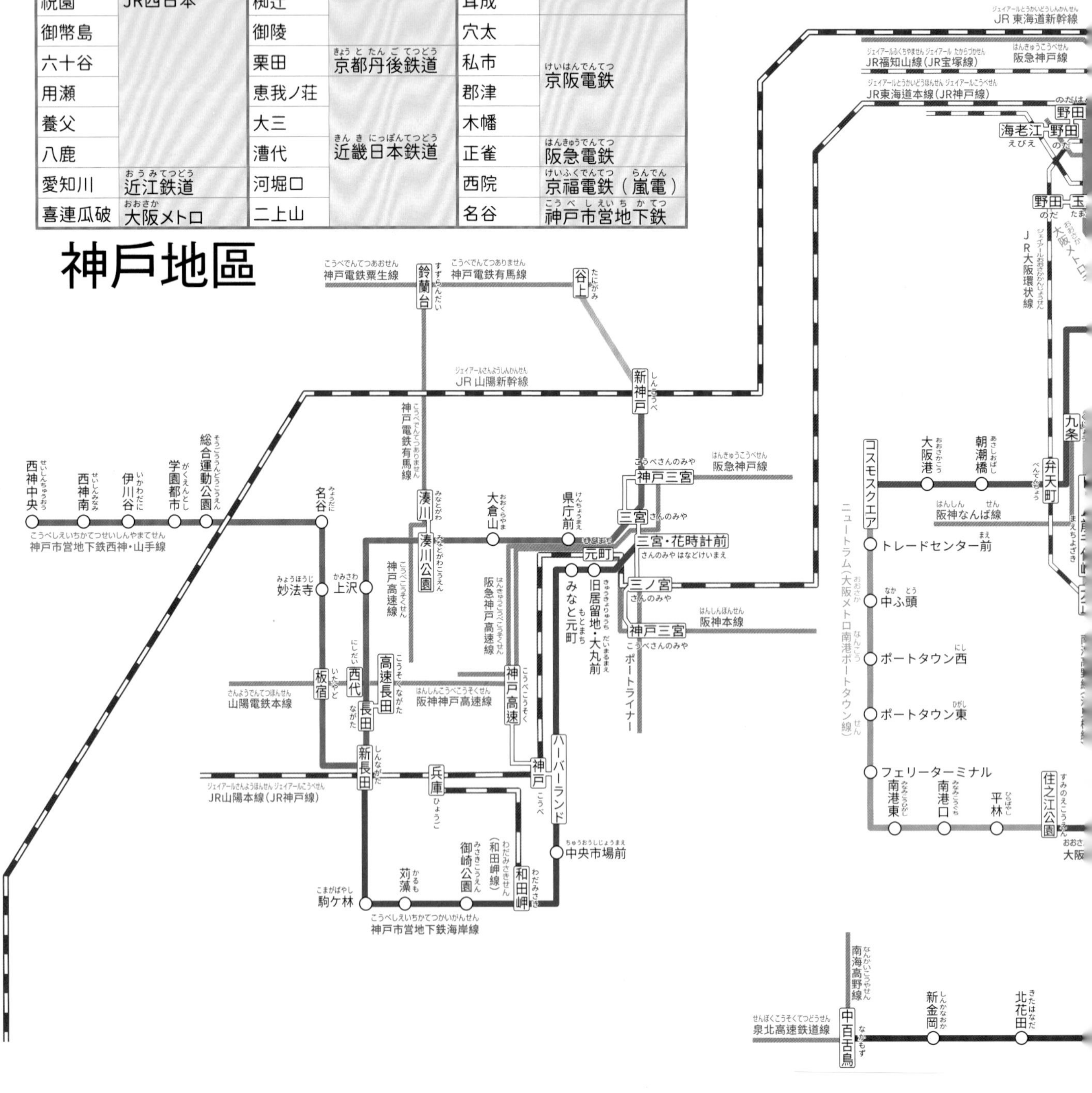

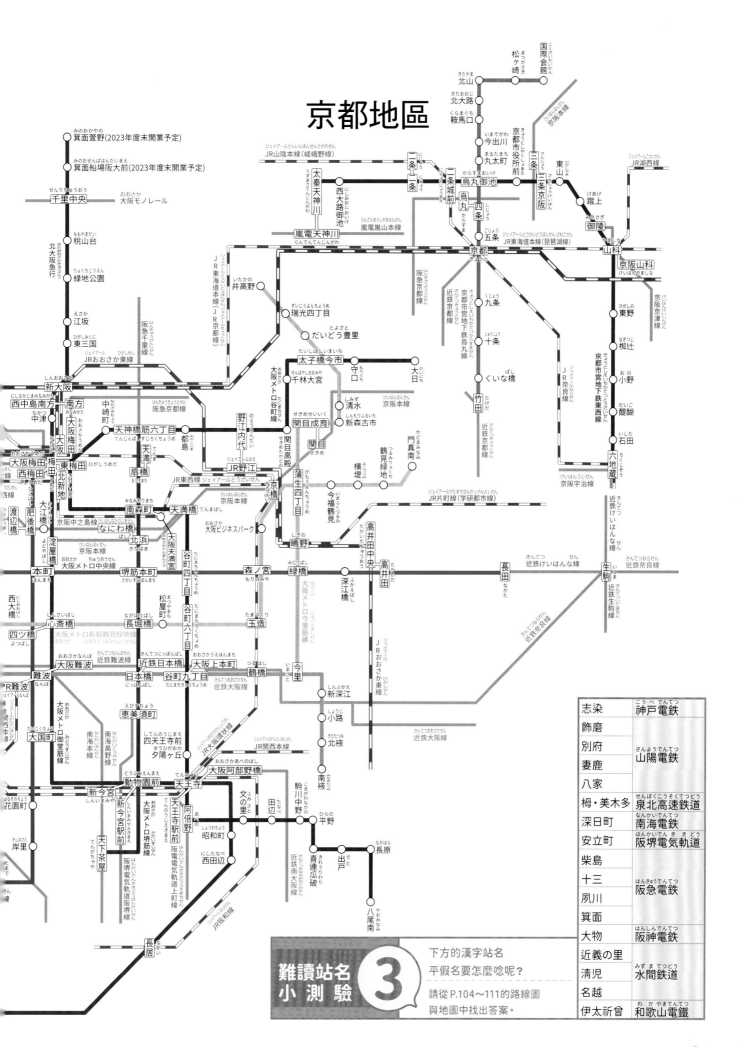

伊賀

奈良県

猪田道 いだみち
市部 いなべ
依那古 いなこ
丸山 まるやま
上林 うえばやし
比土 ひど
美旗 みはた
伊賀上津 いがこうづ
青山町 あおやままち
伊賀神戸 いがかんべ
桔梗が丘 ききょうがおか
名張 なばり
赤目口 あかめぐち
三本松 さんぼんまつ
室生口大野 むろうぐちおおの
榛原 はいばら
谷寺 せでら

近鉄大阪線

伊賀鉄道

新青山トンネル しんあおやまトンネル
榊原温泉口 さかきばらおんせんぐち
東青山 ひがしあおやま
西青山 にしあおやま
大三 おおみつ
伊勢石橋 いせいしばし
川合高岡 かわいたかおか
伊勢中川 いせなかがわ
伊勢中原 いせなかはら
桃園 ももぞの
久居 ひさい
南が丘 みなみがおか
伊勢鎌倉 いせかまくら
伊勢八知 いせやち
伊勢奥津 いせおきつ
比津 ひつ

名松線

関ノ宮 せきのみや
家城 いえき
伊勢竹原 いせたけはら
伊勢川口 いせかわぐち
伊勢大井 いせおおい
井関 いせき
志八太 しばた
権現前 ごんげんまえ
上ノ庄 かみのしょう
松ヶ崎 まつがさき
東松阪 ひがしまつさか

津 つ
阿漕 あこぎ
津新町 つしんまち
高茶屋 たかちゃや
六軒 ろっけん
松ヶ崎 まつがさき

櫛田 くしだ
斎宮 さいくう
明星 みょうじょう
明野 あけの
小俣 おばた
宮町 みやまち
伊勢市 いせし
外城田 ときだ
田丸 たまる
宮川 みやがわ
山田上口 やまだかみぐち
五十鈴川 いすずがわ
宇治山田 うじやまだ

多気 たき
相可 おうか
佐奈 さな
栃原 とちはら
川添 かわぞえ
三瀬谷 みせだに
滝原 たきはら
阿曽 あそ
伊勢柏崎 いせかしわざき
大内山 おおうちやま
梅ヶ谷 うめがだに
荷阪トンネル にさかトンネル
紀伊長島 きいながしま

近鉄山田線

参宮線

紀勢本線

伊勢

三重県
みえけん

五十鈴ヶ丘 いすずがおか
朝熊 あさま
二見浦 ふたみのうら
松下 まつした

鳥羽 とば
中之郷 なかのごう
志摩赤崎 しまあかさき
船津 ふなつ
加茂 かも
松尾 まつお
白木 しらき
五知 ごち
沓掛 くつかけ
上之郷 かみのごう
穴川 あながわ
志摩横山 しまよこやま
鵜方 うがた
志摩神明 しましんめい
賀島 かしこじま

近鉄鳥羽線
近鉄志摩線

志摩半島

鳥羽

志摩

高見山 たかみやま
池木屋山 いけごやさん
山上ヶ岳 さんじょうがたけ
迦ヶ岳 かかがたけ

三野瀬 みのせ
船津 ふなつ
相賀 あいが
尾鷲トンネル おわせトンネル
尾鷲 おわせ
大曽根浦 おおそねうら
九鬼 くき
三木里 みきさと
賀田 かた
玄谷トンネル
曽根トンネル
逢神坂トンネル おうかみざかトンネル
二木島 にぎしま
新鹿 あたしか
波田須 はだす
大泊 おおどまり
熊野市 くまのし
有井 ありい

紀勢本線

熊野灘
くまのなだ

神志山 こうしやま
紀伊市木 きいいちぎ
阿田和 あたわ
紀伊井田 きいいだ
鵜殿 うどの
新宮 しんぐう
三輪崎 みわさき
紀伊佐野 きいさの
宇久井 うくい
那智 なち
温泉のある駅 おんせんのあるえき
紀伊天満 きいてんま
紀伊勝浦 きいかつうら
湯川 ゆかわ
太地 たいじ
下里 しもさと

勝浦 かつうら

和歌山周邊

南海加太線
阪和線

加太 かだ
西ノ庄 にしのしょう
二里ヶ浜 にりがはま
磯ノ浦 いそのうら
八幡前 はちまんまえ
中松江 なかまつえ
東松江 ひがしまつえ
和歌山市 わかやまし
和歌山港 わかやまこう
紀ノ川 きのかわ
和歌山大学前 わかやまだいがくまえ
六十谷 むそた
紀伊中ノ島 きいなかのしま
田井ノ瀬 たいのせ
千旦 せんだん
布施屋 ほしや
紀伊 きい
紀伊小倉 きいおぐら
船戸 ふなと
岩出 いわで

和歌山線

紀勢本線

和歌山 わかやま
和歌山市 わかやまし
和歌山港 わかやまこう
和歌山城 わかやまじょう
宮前 みやまえ
田中口 たなかぐち
日前宮 にちぜんぐう
竈山 かまやま
神前 こうざき
交通センター前 こうつうセンターまえ
岡崎前 おかざきまえ
吉礼 きれ
伊太祈曽 いだきそ
山東 さんどう
大池遊園 おおいけゆうえん
西山口 にしやまぐち
甘露寺前 かんろじまえ
日前宮 にちぜんぐう
貴志 きし

和歌山電鐵貴志川線

黒江 くろえ
海南 かいなん
紀三井寺 きみいでら
紀三井寺 きみいでら

和歌浦湾
わかうらわん

◀一本掌握京阪神列車路線！▶
關西鐵道超圖鑑

日本版Staff

[企劃・編輯]
株式會社 地理情報開發
　　總監　　　　　篠崎 透
　　企劃調整　　　今野泰則
　　地圖・路線圖製作　井上志郎
[撰稿]
　　篠崎 透、木村雄一
[設計]
　　岡本迪子（內外地圖株式會社）

本書內容是根據截至2022年9月底所收集的資訊編製而成。

[照片提供・協助]
裏辺研究所、嵯峨野観光鉄道株式会社、photolibrary、PIXTA、臼井伸介、北川和夫、久保田雄樹、今野泰則、篠崎 透、玉川哲郎、広瀬範人、宮国賢有

製作本書地圖時使用了杉本智彦先生的「Kashmir 3D軟體 超級地形」。（https://www.kashmir3d.com/）

一本掌握京阪神列車路線！
關西鐵道超圖鑑

2023年7月1日初版第一刷發行

編　　著　株式會社 地理情報開發
譯　　者　童小芳
編　　輯　吳欣怡、魏紫庭
發 行 人　若森稔雄
發 行 所　台灣東販股份有限公司
　　　　　＜網址＞http://www.tohan.com.tw
法律顧問　蕭雄淋律師
香港發行　萬里機構出版有限公司
　　　　　＜地址＞香港北角英皇道499號北角工業大廈20樓
　　　　　＜電話＞（852）2564-7511
　　　　　＜傳真＞（852）2565-5539
　　　　　＜電郵＞info@wanlibk.com
　　　　　＜網址＞http://www.wanlibk.com
　　　　　　　　　http://www.facebook.com/wanlibk
香港經銷　香港聯合書刊物流有限公司
　　　　　＜地址＞香港荃灣德士古道220-248號
　　　　　　　　　荃灣工業中心16樓
　　　　　＜電話＞（852）2150-2100
　　　　　＜傳真＞（852）2407-3062
　　　　　＜電郵＞info@suplogistics.com.hk
　　　　　＜網址＞http://www.suplogistics.com.hk
ISBN 978-962-14-7493-3